1판 1쇄 발행 2014년 1월 27일 | 1판 6쇄 발행 2018년 12월 20일
2판 1쇄 발행 2021년 2월 17일 | 2판 2쇄 발행 2024년 1월 26일
글쓴이 장성익 | 그린이 박종호
펴낸이 홍석 | 이사 홍성우 | 편집부장 이정은 | 편집 정미진, 조유진 | 디자인 권영은, 김영주
외주디자인 신영미, 송태규 | 마케팅 이송희, 김민경 | 제작 홍보람 | 관리 최우리, 정원경, 조영행, 김지혜
펴낸곳 도서출판 풀빛 | 등록 1979년 3월 6일 제2021-000055호
주소 서울특별시 강서구 양천로 583 우림블루나인 A동 21층 2110호
전화 02-363-5995(영업) 02-362-8900(편집) | 팩스 070-4275-0445
전자우편 kids@pulbit.kr | 홈페이지 www.pulbit.co.kr
블로그 blog.naver.com/pulbitbooks | 인스타그램 instagram.com/pulbitkids

ISBN 979-11-6172-352-5 74470
979-11-6172-283-2 (세트)

ⓒ 장성익 2014, 2021

*책값은 뒤표지에 표시되어 있습니다.
*파본이나 잘못된 책은 구입하신 곳에서 바꿔드립니다.

품명 아동 도서 　사용연령 8세 이상
제조국 대한민국 　제조년월 2024년 1월 26일
제조자명 도서출판 풀빛 　연락처 02-363-5995
주소 서울특별시 강서구 양천로 583 우림블루나인 A동 21층 2110호
주의사항 종이에 베이거나 긁히지 않도록 조심하세요.
책 모서리가 날카로우니 던지거나 떨어뜨리지 마세요.
KC마크는 이 제품이 공통안전기준에 적합하였음을 의미합니다.

과학 기술과 생명 윤리의 대화

　혼수상태에 빠진 환자가 있습니다. 숨은 쉬지만 회복이 불가능하다고 합니다. 첨단 의료 장비로 환자의 생명은 연장할 수 있지만, 환자는 눈을 뜨거나 소리를 내지 못합니다. 이름을 부르고 손을 잡아 흔들어도 아무 반응이 없습니다. 만약 이 환자가 여러분의 가족이라면 어떻게 하겠습니까? 회복은 불가능하니 고통스럽게 억지로 생명을 이어 갈 바에야 일찍 죽게 할까요? 아니면 살아 있는 생명을 일부러 죽이는 것은 살인과 다를 바 없으니 병원의 도움으로 계속 살릴까요? 여러분은 어느 쪽이 옳다고 생각하나요?

　복제 기술의 발달로 나와 똑같은 사람을 만들 날이 올지도 모릅니다. 한번 상상해 보세요. 여러분과 똑같은 사람이 만들어져서 세상을 돌아다닌다면, 진짜 나는 누구일까요?

　과학 기술의 발달로 배아_{정자와 난자가 만나 완전한 개체가 되기 전까지의 생명체 혹은 발생 초기 단계}를 실험실에서 만들 수 있게 되었습니다. 원래 배아는 엄마 배 속에서 자라나 아기로 태어나는데, 이제는 실험실에서 배아를 인공적으로 만들고,

이것을 이용하고 조작해서 병을 치료할 기술을 연구합니다. 이때 배아는 살아 있는 생명체라고 해야 할까요? 아니면 세포들이 뭉쳐 있는 발생 초기 단계의 물질로 봐야 할까요?

이 책이 나온 지 벌써 8년이 지났습니다. 그사이 생명 윤리에 대한 관심과 인식 수준이 전보다 높아졌습니다. 하지만 여전히 현대 과학 기술의 빠른 발전으로 인해 이전에는 고민할 필요가 없던 새로운 문제들이 많이 발생하고 있습니다. 특히 우리 몸과 건강에 직접적으로 관계된 의학과 생명 과학 분야에서 새로운 토론거리를 다양하게 만들어 내고 있지요. 오늘날 생명 윤리가 중요해지고 필요해지는 까닭이 바로 여기에 있습니다.

과학 기술의 발달로 인간을 포함한 모든 생명을 인위적으로 조작하고, 변형하고, 이용할 수 있게 되었습니다. 그로 인해 생명에 대한 가치관이 흔들리고 있습니다. 이러한 상황에서 우리는 인간의 존엄성과 인권, 자연과 생명의 가치를 지키기 위해 노력해야 합니다. 이것이 곧 생명 윤리

의 정신입니다.

생명 윤리를 중시한다고 해서 과학 기술을 무조건 반대하고 비판하는 것은 아닙니다. 오히려 생명 윤리는 '좋은 과학 기술', '참된 과학 기술'을 소망합니다. 무작정 앞으로만 질주하는 과학 기술이 아니라 인간과 사회, 자연과 생명을 깊이 성찰하는 제대로 된 과학 기술 말입니다.

과학 기술은 우리에게 풍요와 편리와 안락을 선사해 주기도 하지만, 잘못 사용하면 커다란 재앙과 불행을 낳을 수도 있습니다. 생명 윤리와 관련된 과학 기술은 더욱 그러하지요. 우리의 몸과 건강, 생명과 죽음에 직접 연결돼 있으니까요.

이 책에는 생명 윤리를 둘러싼 수많은 쟁점 가운데서 여러분이 꼭 알아야 할 중요한 것들이 담겨 있습니다. 유전자 변형 먹거리, 생명 복제, 줄기 세포, 장기 이식, 안락사, 동물 실험 등 지금 당장 우리 가까이에서 논란이 되고 있는 이야기들이지요. 이들에 대한 찬성과 반대 입장의 토론을 읽으며 생명 윤리의 정신이 무엇인지, 현대 과학 기술이 어떤 방향

으로 나아가야 할지 살펴봅시다. 인간의 존엄성과 인권, 삶과 죽음의 의미, 자연과 생명의 가치에 대해서도 진지하게 생각해 볼 좋은 경험이 될 것입니다. 아마도 학교나 학원에서는 하기 어려운 색다른 공부가 될 것입니다. 나아가 논쟁 형식의 책인 까닭에 책을 읽으면서 논리적으로 생각하는 능력과 토론하는 실력도 아울러 키울 수 있다면 더욱 좋겠지요.

과학 기술이 '좋은 과학 기술', '참된 과학 기술'로 발전하려면 생명 윤리와 끊임없이 대화해야 합니다. 그런 의미에서 이 책이 여러분에게 큰 도움이 되길 바랍니다.

장 성 익

차례

작가의 말 004

1장 [유전자 변형 먹거리(GMO)]
식량 위기의 대안일까, 또 다른 위기의 씨앗일까?

[토론 자료] 농부와 거대 기업의 한판 싸움 014 | 엄마 아빠는 왜 싸울까? 016
토론을 준비하는 여섯 명의 친구들 020 | GMO란 뭘까? 023
우리나라에는 GMO가 얼마나 있을까? 027 | GMO가 식량 위기를 해결할 수 있을까? 031
GMO는 안전할까? 036 | GMO가 환경과 농업을 망가뜨린다? 038
GMO와 생명 윤리의 관계 044
함께 정리해 보기 유전자 변형 먹거리(GMO)를 둘러싼 쟁점 047

2장 [생명 복제]
과학의 축복일까, 새로운 재앙일까?

[토론 자료] 복제 양 돌리의 탄생 052
기다려지는 두 번째 토론 시간 054
동물 복제의 빛과 그늘 055 | 인간 복제는 재앙일까? 060
유전자 검사는 약일까, 독일까? 067 | 바람직한 유전 정보 활용법은 뭘까? 073
함께 정리해 보기 생명 복제를 둘러싼 쟁점 079

3장 [줄기세포]
꿈의 치료법일까, 잘못된 환상일까?

[토론 자료] '국민 영웅'에서 '사기꾼'으로 바뀐 과학자 084
배아는 생명체일까, 아닐까? 086
여성에 대한 공격이다? 092 | 줄기세포 연구는 어디까지 왔고 어디로 갈까? 095
낙태는 정당할까? 099
함께 정리해 보기 줄기세포 치료를 둘러싼 쟁점 107

4장 [장기 이식]
환자에게 기쁜 소식일까, 위험한 모험일까?

[토론 자료] 사형수를 장기 이식에 사용하는 나라 112
장기 이식은 무조건 좋은 걸까? 114 | 장기 매매의 문제점은 뭘까? 120
동물 장기의 필요성과 위험 사이에서 125 | 인공 장기의 미래는? 128
 장기 이식을 둘러싼 쟁점 133

5장 [안락사]
존엄한 죽음일까, 교묘한 살인일까?

[토론 자료] '죽음의 의사' 잭 키보키언과 테리 시아보 사건 138
안락사는 왜 할까? 140 | 안락사는 살인일까? 145
죽음을 선택할 권리는 누구에게 있을까? 148 | 안락사의 부작용은 뭘까? 152
 안락사를 둘러싼 쟁점 157

6장 [동물 실험]
인류에게 혜택일까, 불필요한 동물 학대일까?

[토론 자료] 탈리도마이드의 비극 162 | 동물 실험은 왜 할까? 164
동물 실험은 동물 학대일까? 170 | 동물 실험은 얼마나 쓸모가 있을까? 176
동물 실험의 대안은 뭘까? 179
 동물 실험을 둘러싼 쟁점 183

1장 [유전자 변형 먹거리(GMO)]

식량 위기의 대안일까, 또 다른 위기의 씨앗일까?

유전자 변형 먹거리, 곧 GMO는 오늘날 세계적으로 생산량이 아주 빠르게 늘고 있어. 우리나라는 GMO 수입량이 많은 편이어서 일상적으로 먹는 수많은 음식에 GMO가 포함돼 있지. GMO는 이미 우리 생활 깊숙이 들어와 있어서 우리의 건강과 환경에 영향을 미칠 수 있어. 그래서 GMO를 둘러싼 논쟁 내용을 잘 알아 두는 게 필요해.

중요한 쟁점은 다음과 같아. 첫째, GMO는 세계적인 식량 부족 문제를 해결할 대안인가? 둘째, GMO는 사람 몸에 안전할까? 셋째, GMO는 자연환경과 농업·농민에게 어떤 영향을 미칠까? 넷째, GMO와 기업의 관계는 어떠한가? 특히 GMO와 생명 윤리의 관계, 즉 GMO가 자연과 생명의 질서를 얼마나, 어떻게 망가뜨리는지를 둘러싼 논쟁도 잘 살펴봐야 해.

GMO 찬성 팀

민철

혜은

정수

세계적으로 수많은 사람이 식량이 부족해서 고통받고 있어. 이런 상황에서 GMO는 식량 생산량을 크게 늘릴 뿐만 아니라 영양분과 품질이 개선된 새로운 작물을 만들어 내고 있어. GMO로 식량 문제를 해결하고 식생활의 질을 높일 수 있다는 거지.

GMO는 농약을 덜 뿌리게 해서 환경에도 도움이 되고, 농민의 일손도 덜어 줘. GMO가 안전하지 않다는 주장도 있지만 그건 과장이야. GMO를 먹고서 죽거나 큰 병에 걸린 사람은 없거든. 쓸데없이 GMO에 대한 불안감과 공포심을 키워서는 안 돼. GMO가 자연의 질서를 파괴한다는 비판도 있지만, 자연이나 동식물을 인간에게 도움이 되는 쪽으로 활용한 건 오히려 좋은 일이야.

GMO 반대 팀

진아   현준   유림

생명체의 뿌리인 유전자를 조작해서 생명과 자연의 본성을 파괴하는 것이 바로 GMO야. 아주 위험하고 불확실한 기술의 산물이지.
식량 위기는 식량 자체가 부족해서가 아니라 세계 경제 구조와 불평등한 식량 분배 체계 때문에 일어나는 거야. GMO로 해결할 문제가 아니라는 얘기지. 무엇보다 GMO는 안전하지 않아. 사람 몸에 나쁜 영향을 미쳐서 알레르기, 암, 독성 물질 중독 같은 여러 문제를 일으켜.
또, GMO는 야생의 자연으로 퍼져 나가 환경을 파괴하고, 생태계에 커다란 혼란을 일으킬 가능성이 높아. 게다가 GMO는 거대 기업이 판매를 독점하고 있어서 농민과 농업을 거대 기업에 종속시켜.

농부와 거대 기업의 한판 싸움

퍼시 슈마이저는 캐나다의 평범한 농부였다. 그에게 악몽이 시작된 것은 1998년 8월 어느 날이었다. 종자와 제초제 등을 파는 미국의 거대 기업인 몬산토 사로부터 난데없이 한 장의 고소장이 날아온 것이다.

내용은 마른하늘에 날벼락 같은 것이었다. 슈마이저의 밭에서 몬산토 사의 대표적 특허 작물인 '유전자 변형 카놀라_{식용유 등을 만드는 데 쓰이는 서양 유채의 일종}'가 자라고 있어 자신들의 특허권이 침해됐으니, 그것에 대한 대가로 4억 원이 넘는 돈을 내놓으라는 것이었다. 특허란 새로운 발명품이나 기술 같은 걸 개발한 기업이나 개인이 그것에 대한 권리를 독점적으로 행사할 수 있는 법적인 자격이다. 특허를 통해 남들이 자신의 기술을 마음대로 사용하지 못하게 막을 수도 있고, 일정한 사용료를 받고 자신의 발명품을 사용하도록 허락해서 큰돈을 벌 수도 있다. 몬산토는 이러한 특허권을 이용하여 슈마이저를 공격한 것이다.

슈마이저는 어처구니가 없었다. 그는 오랫동안 일반 카놀라만 전통적인 방법으로 재배해 왔다. 유전자 변형 카놀라가 어떻게 자기 밭에서 자라게 됐는지 도무지 알 도리가 없었다. 슈마이저는 유전자 변형 카놀라는 자신이 심은 게 아니므로 아무런 잘못이 없다고 강력하게 주장했다. 하지만 몬산토는 이에 아랑곳하지 않았다. 슈마이저는 분노했고, 거대 기업의 횡포에 끝까지 맞서 싸우기로 했다. 그는 몬산토가 자신의 밭에 허가 없이 침입한 것, 자신을 도둑으로 몰아 명예를 떨어뜨린 것, 유전자 변형 카놀라가 자신의 밭을 오염시킨 것 등에 대한 책임을 물어 몬산토에 100억 원을 요구하는 맞소송을 냈다.

이렇게 하여 평범한 농부와 전 세계를 쥐락펴락하는 거대 기업 사이의 한판 싸움이 시작되었다. 재판은 열띤 공방전으로 진행됐다. 슈마이저는 "바람이나 벌과 새 같은 동물들을 통해 꽃가루와 씨앗이 날리고 퍼져 나가는 걸 어떻게 막을 수 있느냐?"고 항의했다. 하지만 1차와 2차 재판 결과는 몬산토의 승리였다. 거대 기업의 힘은 법원 판결을 좌우할 정도로 막강했다. 그러나 슈마이저는 주저앉지 않고 최고 법원에서 세 번째 재판에 도전했다. 여기서 슈마이저는 만족스럽지는 않지만 한결 나은 결과를 얻었다. 캐나다 최고 법원은 슈마이저가 몬산토의 유전자 변형 카놀라로 경제적 이득을 얻은 게 없으므로 대가를 치를 필요가 없다고 판결했다. 몬산토 또한 아무런 대가를 치르지 않는 것으로 판결 났다.

하지만 싸움은 그것으로 끝난 게 아니었다. 2005년 어느 날 슈마이저는 자신의 밭에서 몬산토의 유전자 변형 카놀라가 자라고 있는 걸 또다시 발견했다. 화들짝 놀란 그는 곧바로 그것들을 제거한 뒤 몬산토에 60만 원가량의 유전자 변형 카놀라 제거 비용을 청구했다. 이에 몬산토는 돈을 주겠다고 하면서, 대신 이 일에 대해 비밀을 지킬 것을 요구했다. 그러나 슈마이저는 이 일이 유전자 변형 작물의 침범으로부터 농민의 권리를 지킬 수 있는 중요한 계기가 될 것이라고 판단해, 단호하게 몬산토의 요구를 거절했다.

결국 2008년 3월, 슈마이저는 비밀 유지 계약 없이 자신이 요구한 금액 모두를 몬산토로부터 받아 냈다. 농부와 거대 기업의 10년에 걸친 싸움은 이리하여 결국 농부의 마지막 승리로 막을 내렸다. 이 싸움은 전 세계로 알려져 유전자 변형 작물에 대한 국제적 관심을 높이는 데 큰 구실을 했다. 그 과정에서 열다섯 나라가 유전자 오염 사고를 우려하여 유전자 변형 카놀라의 수입을 금지하기도 했다.

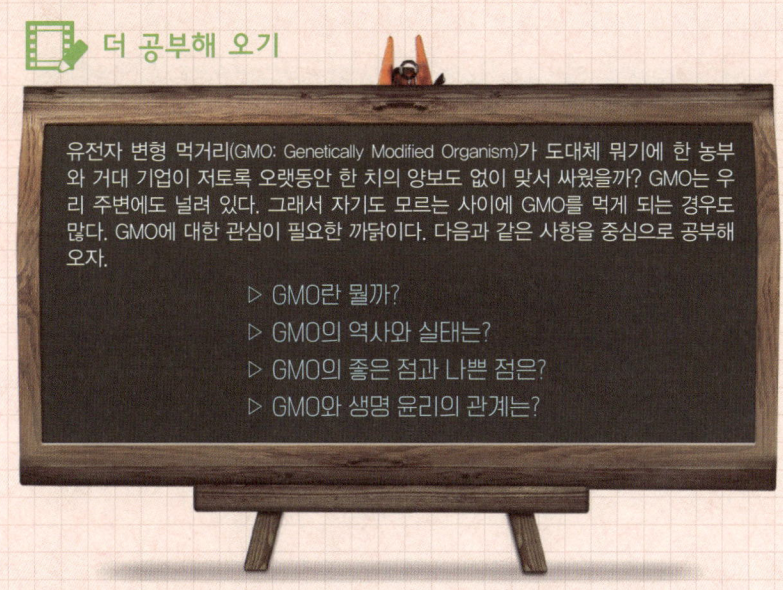

더 공부해 오기

유전자 변형 먹거리(GMO: Genetically Modified Organism)가 도대체 뭐기에 한 농부와 거대 기업이 저토록 오랫동안 한 치의 양보도 없이 맞서 싸웠을까? GMO는 우리 주변에도 널려 있다. 그래서 자기도 모르는 사이에 GMO를 먹게 되는 경우도 많다. GMO에 대한 관심이 필요한 까닭이다. 다음과 같은 사항을 중심으로 공부해 오자.

▷ GMO란 뭘까?
▷ GMO의 역사와 실태는?
▷ GMO의 좋은 점과 나쁜 점은?
▷ GMO와 생명 윤리의 관계는?

[유전자 변형 먹거리(GMO)]

식량 위기의 대안일까, 또 다른 위기의 씨앗일까?

엄마 아빠는 왜 싸울까?

진아는 다리가 아팠다. 배에선 '쪼르륵' 소리까지 났다. 이리저리 왔다 갔다 한 게 벌써 한 시간이 훌쩍 넘었다.

여긴 집에서 조금 떨어진 대형 마트. 일요일을 맞아 엄마 아빠가 장을 보러 가는 데 함께 따라나선 길이다. 보아하니 아빠도 짐꾼 노릇 하느라 지쳤는지 표정에 슬슬 짜증이 묻어나고 있었다. 안 그래도 아빠는 피곤하다며 휴일 낮잠을 즐기려고 했는데, 엄마가 자꾸 구슬리는 바람에 억지로 오게 된 터였다. 결국, 아빠는 식품 코너를 돌다가 한마디 했다.

"여보, 아직 멀었어?"

한데 엄마한테선 대답이 없다. 손에 집어 든 식품 포장지에 쓰여 있는 문구를 살펴보는 데 정신이 팔려 아빠 목소리를 듣지 못한 것이다. 아빠의 목소리가 약간 높아졌다.

"아니 여보, 대체 뭐 하는 거야? 아직 멀었냐고?"

그제야 엄마가 고개를 돌렸다.

"아, 여기에 뭐가 들어갔는지 좀 살펴보느라고. 요즘 GMO가 하도 많아서 말이에요. 잠깐만 기다려요."

"GMO? 거 유전자 변형인지 조작인지 했다는 식품 말이야? 뭐 대충 사면 되지, 물건 하나 고르는 데 왜 그렇게 까다롭게 굴어? 여기 온 지 벌써 한 시간이 넘었단 말이야."

"다른 것도 아니고 우리 식구들 먹는 건데 안전하고 좋은 걸로 잘 골라야죠."

"뭐 이거나 저거나 비슷비슷하지 않겠어? 그냥 아무거나 골라."

"아무거라니? 요즘 우리나라 식품에도 GMO가 얼마나 많은지 몰라서 그래요? 그리고 GMO가 안전하지 않다는 걸 몰라요? 저렇게 먹거리에 관심이 없으니 식품 사고가 끊이질 않지."

"뭐? 관심이 없긴 누가 없다고 그래? 식품 사고 나는 게 내 탓이란 말이야?"

"식품 문제에 무관심한 사람이 많으니 나쁜 먹거리가 판치는 건 사실 아냐?"

"아니, 그게 지금 나한테 할 소리야? 그리고 GMO가 위험하다는 게 증명이라도 된 거야?"

엄마도 물러서지 않았지만, 정작 문제는 따로 있었다. 아빠 목소리가 점점 더 커진 것이다. 아니나 다를까, 지나가던 사람들이 힐끔힐끔 쳐다보기까지 했다. 진아는 좀 창피했다. 친구들이 보면 어쩌나 하는 불안한 마음이 들기도 했다. 그래서 엄마 아빠한테 그만 좀 하라고 얘기하려는 순간, 엄마가 입을 열었다.

"알았어요, 알았어. 지금부터 딱 5분 안에 다 끝낼 테니 잠깐만 더 기다려요."

진아 입에서는 '휴우' 하는 안도의 한숨 소리가 새어 나왔다. 하지만 엄

마는 주변 눈치 탓에 말은 그렇게 했어도 속마음은 전혀 다른 것 같았다. '앞으론 당신이랑 장 보러 같이 안 올 거야.'라는 말이 엄마 눈빛에 담겨 있는 것처럼 느껴졌기 때문이다.

그렇게 장을 보고 집으로 돌아오는 차 안에서 진아는 며칠 뒤에 있을 토론회 생각이 떠올랐다. 토론 주제가 마침 GMO였다. 진아는 운전하는 아빠 눈치가 조금 보였지만 창밖을 내다보고 있는 엄마에게 슬쩍 물어보았다.

"엄마, GMO에 대해 잘 알아?"

"아 뭐 조금……. 근데 왜?"

"응, 학교에서 며칠 뒤에 GMO를 주제로 토론회를 하는데 그거 준비하는 거 좀 도와 줘. 내가 마침 GMO를 반대하는 입장에서 토론해야 하거든."

"알았어. 그렇게 하자꾸나. 너도 어릴 때부터 먹거리 문제에 관심을 가지는 게 좋아. 특히 요즘 GMO 문제는 아주 심각하거든."

엄마는 마치 아빠가 들으라는 듯 일부러 아빠 뒤통수에다 대고 말했다. 아빠는 못마땅하다는 뜻을 '어험' 하는 헛기침 소리로 대신 표현했지만, 다행히도 별다른 대꾸는 하지 않으셨다.

그렇게 해서 진아는 토론을 준비하면서 평소 환경 문제와 먹거리 문제에 관심이 많은 엄마의 도움을 적잖이 받을 수 있었다. 하지만 막상 토론하는 날이 다가올수록 진아는 생각이 헷갈리고 머리가 지끈지끈해지는 느낌이었다. 엄마 얘기를 듣고 엄마가 보라는 자료를 찾아서 보면 GMO

가 몹시 나쁜 것 같은데, GMO를 찬성하는 내용이 담긴 자료를 보면 GMO가 좋은 것으로 여겨졌기 때문이다.

토론을 준비하는 여섯 명의 친구들

진아가 그러거나 말거나 드디어 첫 번째 토론회가 열리는 날이 밝았다.

지금은 점심을 먹고 나서 오후 수업 시작하기 전까지의 쉬는 시간. 진아는 이때가 하루 중에서 가장 기다려지는 시간이다. 배도 부르고 조금만 더 참으면 지겨운 수업이 모두 끝난다는 생각에 일찌감치 기분이 상쾌해지고 마음도 느긋해지는 것이다.

하지만 오늘은 달랐다. 오후에 토론회가 있기 때문이다. 특별 활동으로 택한 토론반에서 이번 학기 동안 공부하기로 한 주제는 생명 윤리에 대한 것이다. 오늘 첫 토론에서 유전자 변형 먹거리, 즉 GMO Genetically Modified Organism를 다루기로 했다. 생명 윤리와 관련된 수많은 주제 가운데 우리 생활에 친숙한 먹거리 문제부터 먼저 이야기하기로 한 것이다. 진아는 토론 시간이 코앞에 닥쳤는데도 생각이 깔끔하게 정리되지 않아서 기분이 개운하지 않았다.

"야, 너 지금 뭐해? 무슨 고민이라도 있어?"

얼굴을 찡그린 채 고개를 숙이고 있는 진아의 어깨를 툭 치며 말을 건넨 것은 민철이었다. 늘 웃는 표정의 유쾌한 장난꾸러기 민철도 같은 토론반 친구다.

"응, 토론을 어떻게 할지 생각하느라……. 야, 넌 준비 잘했니?"

"하하, 뭐 대충 준비했지. 잘해 보자고."

민철은 여느 때처럼 밝고 여유가 넘쳤다.

"얘, 진아야, 너 어디 아파? 그리고 민철이 넌 뭐가 그리 좋아서 싱글벙글이야?"

혜은이 진아와 민철에게 인사말을 건네며 다가왔다.

"어이, 토론반 에이스가 납시었군."

거의 동시에 이런 말을 하며 쑥 모습을 나타낸 건 현준이었다.

혜은은 친구들 가운데 얘기를 가장 논리적으로 잘하는 편이어서 토론반의 에이스로 불린다. 현준은 평소 좀 덜렁거리는 스타일에 쉽게 흥분하는 다혈질 성격이다. 이렇게 토론반 네 명이 모이자 어느새 나머지 두 명인 정수와 유림도 자연스레 합류했다. 정수는 평소 말이 적고 과묵한 편이지만 자신의 주장은 뚜렷한 편이다. 유림은 한마디로 모범생이다. 올바른 소리와 반듯하게 정리된 얘기를 잘하는 게 특기다.

"야야, 다들 떠들지 말고 토론 준비들이나 열심히 하시지."

아니나 다를까, 만나자마자 대뜸 선생님처럼 얘기한 건 유림이었다. 그러자 진아가 맥이 빠진 목소리로 속마음을 털어놓았다.

"준비는 그런대로 열심히 했어. 근데 서로 다른 주장들을 들여다보니까 양쪽 다 맞는 얘기를 하는 것 같아. 그래서 정작 내 입장을 어떻게 정리해야 할지 모르겠어."

"그래? 사실은 나도 좀 그렇긴 하지만 토론을 하는 과정에서 자연스레 생각이 정리되지 않겠어? 너무 신경 쓰지 마."

정수였다. 평소에 잘 나서지 않는 편이지만 지금처럼 상황에 들어맞는 얘기를 가끔씩 하는 게 정수의 매력이라면 매력이다. 그러자 민철도 고개를 아래위로 크게 끄덕이며 한마디 했다.

"하하, 정수 말이 맞아. 배우고 공부하는 마음으로 토론하면 잘 되겠지 뭐."

그렇게 쉬는 시간이 끝나고 드디어 토론 시간이 닥쳤다. 먼저 GMO 찬성 팀인 민철, 혜은, 정수가 모여 앉자 뒤따라 GMO 반대 팀인 진아, 현준, 유림도 맞은편에 자리를 잡았다. 토론반을 지도하는 김인규 선생님은 남자치고는 잔소리가 많은 게 흠이지만 친절하고 상냥한 분이다. 더구나 학교에 남자 선생님이 드물어서 그런지 친구들 사이에서 인기가 높다.

선생님이 첫 말문을 열었다.

"다들 안녕. 오늘이 첫 토론 모임인데, 당연히 준비는 열심히들 해 왔겠지?"

내남없이 "네." 하고 크게 한목소리로 대답했다. 실제로 준비를 열심히 했거나 말거나 목소리 하나는 우렁차서 좋다는 듯, 선생님은 그냥 씩 웃었다. 속으론 '이 녀석들, 오늘 얼마나 잘하는지 한번 지켜보마.' 하는 것만 같았다.

GMO란 뭘까?

선생님은 먼저 기본적인 사항부터 짚어 보자고 했다. 우선 GMO가 뭔지 정확하게 알아야 하고, 그러려면 유전자가 뭔지부터 알아야 한다고 했다. 정수가 흠흠 하고 목소리를 가다듬으면서 첫 발언에 나섰다.

"유전자는 생명체의 모든 정보가 담긴 설계도라고 할 수 있습니다. 예를 들어 사람이라면 그 사람의 키, 피부 색깔 같은 생물학적 특성을 비롯해 건강, 성격, 소질 같은 것이 모두 유전자에 담겨 있다는 거죠."
"그럼, 유전자 조작 또는 유전자 변형이라고 하는 건 뭐지?"

선생님이 다시 질문을 던졌고, 이번엔 진아가 대답했다.

"유전자 조작 또는 변형이란 어떤 생물의 특정한 성질을 지닌 유전자만 따로 떼어 낸 뒤, 그것을 다른 종의 생물 유전자에 집어넣어 그 특성이 나타나게 하는 걸 말합니다. 다시 말해, 유전자를 인위적으로 조작하고 변형시켜 자연 상태에서는 존재하지 않는 특정한 성질을 지닌 새로운 생명체를 탄생시키는 거죠."

"음, 예를 들어 설명하면 좀 더 쉽게 알아들을 수 있을 것 같은데?"

"네, 전 이번에 토론을 준비하면서 '포마토'라는 걸 처음 알았습니다. 감자를 뜻하는 포테이토와 토마토를 합친 말이죠. 뿌리는 감자인데 열매는 토마토가 열리는 새로운 작물을 유전자 조작으로 만들어 낸 겁니다. 목화에서 좀 더 가볍고 질긴 실을 얻으려고 그런 성질을 지닌 거미줄을 뽑아내는 거미의 유전자를 떼어 내 목화에 집어넣기도 하고요. 심지어는 사람에게 필요한 장기를 얻으려고 동물 유전자를 조작하려는 시도도 한대요. 이를테면 돼지에게 사람 유전자를 집어넣고 그 돼지의 장기를 사람 몸에 이식한다는 거죠."

구체적인 사례를 조사해 와서 소개한 건 혜은이었다.

"그렇지. 그런 GMO를 우리말로는 유전자 변형 작물, 유전자 변형 식품, 유전자 변형 먹거리 등으로 불러. GMO가 자연의 질서와 법칙을 어지럽힌다는 문제점을 강조하는 입장에서는 '변형' 대신에 '조작'이라는 좀 더 강한 표현을 쓰기도 하지. 자, 그럼 다음으로 GMO에는 어떤 것들이 있는지 알아볼까? 그리고 세계와 우리나라의 GMO 실태는 어떤지도 살펴보고. 이번엔 누가…….”

"네, 가장 대표적인 GMO는 제초제나 살충제 같은 농약을 뿌려도 작물은 피해를 보지 않고 잡초나 해충만 없애도록 유전자를 조작한 농작물입니다. 수확량을 크게 늘려 주는 품종이나 특정 영양분이 포함된 품종을 개발하기도 하고요. 이를테면 '황금쌀'이 그렇죠. 이 쌀은 우리 몸에 반드시 필요한 비타민A를 함유하도록 쌀을 유전적으로 조작한 겁니다. 물을 조금만 주어도 잘 자라거나, 운반할 때 상하지 않는 농작물도 개발한다고 하고요."

마치 기다렸다는 듯이 선생님 말씀이 채 끝나기도 전에 얘기를 시작한 건 현준이었다.

"동물 유전자도 조작한대요. 예를 들어 가축의 몸에 성장 호르몬 유전자를 집어넣으면 몸집이 더 커지고 더 빨리 성장할 수 있게 된다는 거죠. 유전자 조작으로 동물 몸에서 사람한테 필요한 단백질을 얻을 수도 있고요. 젖에서 의약품 성분을 만들어 내는 동물들도 있고, 어떤 닭은 유전자 조작으로 특수한 단백질이 포함된 달걀을 낳도록 만들기도 한다고 해요."

이렇게 진아의 발표가 끝나자 선생님이 GMO가 언제부터 만들어졌고 얼마나 재배되고 있는지에 대해 설명해 줬다.

"GMO가 처음 개발된 것은 1983년이야. 본격적으로 재배되기 시작한 건 1996년 무렵부터고. 세계에서 GMO를 가장 많이 생산하는 나라는 단연 미국이야. 전 세계 GMO의 3분의 2에서 4분의 3 정도를 생산하지. 그래서 미국산 옥수수와 콩, 면화 등은 대부분이 GMO야. 그 외에 브라질, 아르헨티나, 중국, 파라과이, 남아프리카 공화국 같은 나라들도 GMO를 많이 생산하는 편이지. 근데 요즘은 세계화 시대라 먹거리를 포함한 모든 상품이 세계 곳곳을 자유롭게 오가기 때문에 전 세계 수많은 사람이 GMO의 영향 아래 있다고 봐야 해."

우리나라에는 GMO가 얼마나 있을까?

그때 한쪽 손으로 턱을 괸 채 열심히 듣고 있던 민철이 못내 궁금한 듯 어깨를 쑥 내밀며 선생님에게 질문했다.

"그럼, 우리나라에도 GMO가 많은가요?"

"그래, 우리나라 상황은 어떤지 궁금하지? 여기에 대해 누구 조사해 온 사람 없니?"

진아가 쓱 나섰다. 엄마에게 부탁해서 나름 조사해 둔 게 있기 때문이다.

"네, 우리나라에도 GMO가 아주 많습니다. 우리나라에서 처음으로 유전자 조작된 미국 옥수수를 수입한 건 1998년인데, 이후 GMO 수입량이 급속히 늘어났죠. 특히 우리나라 가축 사료 가운데 아주 많은 양이 미국에서 수입한 옥수수로 만들어지는데, 이것들 중 대부분이 GMO라고 해요. 그러니까 GMO 사료를 먹은 동물의 고기를 우리가 먹고 있는 셈이죠. 그리고 음……."

"아니 그럼, 사료 말고 다른 음식은요?"

진아가 준비해 온 자료를 뒤적이느라 잠깐 틈을 들이는 중에 그사이를 못 참고 현준이 끼어들어 질문했다.

"안 그래도 그 얘기를 하려던 참이에요. 사실은 엄마가 들려준 얘기를 정리한 건데 아주 실감 나니까 한번 들어 보세요. 자, 여기 회사원이 한 사람 있다고 해 봐요. 이 사람이 아침은 두유로 간단히 해결했고, 점심땐 직장 동료들과 짜장면을 먹었어요. 식사 후엔 시럽을 탄 커피를 한 잔 마셨고요. 오후 늦게 회사에서 찜닭을 배달시켜 먹었고, 퇴근한 뒤에는 친구들과 만나 영화를 봤어요. 물론 팝콘과 콜라를 곁들여서죠. 그러고 나서 튀김 안주에 맥주를 마신 뒤 집으로 돌아왔어요. 자, 이날 이 회사원이 먹은 음식에는 GMO가 얼마나 포함돼 있을까요?"

"……."

진아의 갑작스러운 물음에 다들 꿀 먹은 벙어리다. 대체로 '설마 저 모든 음식에 GMO가……?' 하는 표정들이었다.

"호호, 놀라지 마셔들. 그 모든 음식에 GMO가 포함돼 있을 가능성이 아주 높습니다."

다들 깜짝 놀라는 눈치였다. "에이, 진짜야?"라며 못 믿겠다는 목소리로 의문을 던진 건 유림이었고, "설마……." 하며 낮은 목소리로 중얼거린 건 정수였다. 그때 선생님이 보충 설명을 했다.

"진아 말이 맞아. 미국 등지에서 우리나라에 들어오는 GMO는 가축

세계의 GMO 재배 실태

2012년 기준으로 GMO는 세계 28개 나라에서 25개 작물, 196개 품목이 재배되고 있다. 콩, 옥수수, 면화, 카놀라, 파파야, 사탕무 등이 주요 품목이다. 재배 면적은 우리가 사는 한반도의 8배, 전 세계 농작물 재배 면적의 10퍼센트에 이른다. 면적만 보면 GMO가 처음 재배되기 시작한 1996년에 견주어 100배나 늘었다. 특히 콩과 면화의 GMO 비율은 전체 재배 면적의 81퍼센트에 이르고, 옥수수와 카놀라의 GMO 재배 면적도 각각 전체의 35퍼센트와 30퍼센트를 차지한다. 쌀과 밀은 GMO가 개발되긴 했지만 아직 본격 재배에는 들어가지 못하고 있다. 본문에서 언급된 '황금쌀'이 동남아 지역에서 시험 재배되고 있지만, 세계 소비자들이 GMO 쌀과 밀을 좋아하지 않기 때문이다.

사료는 물론이고 사람이 먹는 식용유, 전분, 식품 첨가물 등에 많이 사용되고 있어. 우리가 사 먹는 가공식품 대부분에 GMO가 사용되고 있다고 봐야지. 진아가 말한 회사원의 경우를 한번 따져 볼까? 두유에 들어간 콩, 짜장면에 들어간 양념, 커피에 탄 시럽, 찜닭 양념에 들어간 물엿과 간장, 찜닭 재료로 쓰인 당면, 팝콘, 콜라, 튀김에 쓰인 기름, 맥주 등에 모두 GMO가 들어 있을 가능성이 대단히 높아."

진아는 은근히 신이 났다. 엄마가 환경 문제에 관심이 깊은 탓에 솔직히 평소엔 귀찮은 일이 많았다. 쓰레기를 줄이라는 둥 전기와 물을 아껴 쓰라는 둥 잔소리를 많이 하기 때문이다. 하지만 지금은 그런 엄마 덕을 톡톡히 보고 있다. 그렇게 진아가 속으로 우쭐해 하고 있는데, 그간 침묵을 지키던 혜은이 말문을 열었다.

"정말 뜻밖인데요? GMO란 게 이처럼 우리 일상생활에 깊숙이 들어와 있으니 오늘 토론이 더욱더 중요하다는 생각이 들어요."

"그렇지. 더구나 우리나라는 GMO 수입량이 아주 많은 나라로 손꼽히기 때문에 더욱 중요해. 자 그럼, 이제 GMO 논쟁의 세계로 좀 더 깊이 들어가 볼까? GMO 찬성 쪽에서 가장 크게 내세우는 주장이 바로 GMO가 식량 위기를 해결하리라는 건데, 먼저 이 문제부터 살펴보자."

GMO가 식량 위기를 해결할 수 있을까?

선생님이 드디어 본격적으로 토론의 물꼬를 트자 곧장 혜은의 발언이 시작됐다.

"네, GMO는 오늘날 세계적인 식량 부족 사태를 해결할 수 있습니다. 식량 생산량을 크게 늘리고 다양한 기능을 갖춘 작물을 생산할 수 있으니까요. 또 포마토 같은 작물을 보세요. 두 가지 작물을 한꺼번에 재배할 수 있으니 얼마나 효율적이에요? 마찬가지로 황금쌀도 비타민A가 부족해서 시력 장애를 겪는 전 세계의 수많은 아이들에게 큰 혜택을 줄 수 있고요. 식량의 생산량은 물론 영양분과 품질도 모두 높여서 사람의 건강과 먹거리 생활에 큰 도움이 되는 게 바로 GMO입니다."

"GMO는 농민들한테도 큰 이익이 됩니다. 일손을 크게 줄일 수 있으니까요. 농약과 병충해(농작물이 병과 해충으로 입는 피해)에 강한 GMO 품종으로 농사를 지으면 농약 뿌리는 일을 줄일 수 있잖아요? 또 운반할 때 쉽게 상하지 않거나, 물을 조금만 주어도 잘 자라는 농작물도 농민을 아주 편하게 해 주고요."

"GMO는 환경 오염도 줄일 수 있어요. 예를 들어, 제초제를 뿌렸을 때 다른 잡초는 죽지만 제초제에 저항성이 강한 GMO는 괜찮잖아요? 그래서 제초제 사용량을 줄이면서도 잡초에 의한 농사 피해를 줄일 수 있죠. 또 해충 피해를 보지 않도록 스스로 해충을 죽이는 살충 성분을 만들어 내는 GMO도 있습니다. 그러니 결과적으로 해충을 없애는 농약을 덜 뿌려도 되는 거죠. 이처럼 GMO는 땅과 물을 오염시키는 농약 사용량을 줄여서 환경 보전에 이바지할 수 있습니다."

혜은에 이어서 민철과 정수도 연달아 발언을 쏟아 냈다. 토론의 주도권을 잡겠다는 듯 반대 팀이 끼어들 새도 없이 찬성 팀 세 명이 잇달아 나선 것이다. '얘들 봐라, 완전 총공세로군. 하지만 우리도 만만치 않을 걸.' 진아가 이렇게 마음먹고 있는데, 마침 선생님이 입을 열었다.

"와, 찬성 팀 얘기를 들어보니 GMO가 정말 대단한 것 같은데? 하지만 그렇다고 반대 팀이 가만히 있지는 않겠지?"

"네, 지금 찬성 팀 얘기는 GMO의 한쪽 측면만 부풀려서 얘기한 일방적 주장에 불과합니다."

선생님 말씀이 끝나기가 무섭게 찬성 팀 주장을 좀 거칠게 반박하고 나선 건 현준이었다. 그러자 곧바로 찬성 팀에서 불만 섞인 소리가 흘러나왔다. "뭐야, 자기주장을 논리적으로 펼쳐야지 상대방 주장을 까뭉개

기부터 하면 어떡해?"라고 혜은이 툴툴거린 것이다. 조금 계면쩍어진 현준이 뒷머리를 긁적거리며 자세를 가다듬은 뒤 다시 말을 이었다.

"아 네, GMO가 농작물 생산량을 늘린 건 사실입니다. 하지만 세계적으로 수많은 사람이 굶주리는 이유는 식량 자체가 부족해서가 아닙니다. 자료를 보니까 오늘날 전 세계에서 생산되는 식량은 세계 인구의 거의 두 배 가까이나 먹여 살릴 수 있는 양이라고 합니다."

"그게 사실이에요? 아니 그럼, 굶어 죽는 사람이 많은 이유는 뭐죠?"

찬성 팀의 정수가 질문을 던지며 끼어들었다.

"그건 한마디로 식량의 분배가 잘못되고 있기 때문입니다. 오늘날 전 세계에서 생산되는 곡물 가운데 사람이 먹는 양이 얼마나 되는지 아세요? 놀랍게도 절반밖에 되지 않습니다."

"엉? 저건 또 무슨 소리야? 그럼 나머지 절반은 도대체 누가 먹는단 말이야?"

이번엔 민철이 주변을 둘러보며 혼잣말을 하는 것처럼 의문을 제기했다.

"네, 나머지 절반을 먹어 치우는 건 바로 가축과 자동차입니다. 무슨 소리냐고요? 세계에서 생산되는 전체 곡물의 40퍼센트가 가축 사료로 사용되거든요. 이것 못지않게 심각한 게 바이오 연료입니다. 최근 들어 자동차 연료로 사용되는 석유를 대체하기 위한 바이오 연료 생산이 폭발적으로 늘고 있다고 해요. 문제는 이걸 만드는 원료가 곡물이라는 점이죠. 예를 들어 미국에서 생산되는 옥수수의 40퍼센트가 바이오 연료를 만드는 데 쓰인다고 합니다. 이에 반해 사람이 먹는 양은 미국 전체 옥수수의 11퍼센트에 불과하고요."

"맞아요. 가축과 자동차가 먹어 없애는 엄청난 양의 곡물을 사람들이 먹을 수 있다면 굶주리는 사람은 팍 줄어들 겁니다. 더구나 제가 본 자료를 보면 오늘날 세계 농업과 먹거리를 지배하고 있는 건 소수의 거대 기업이라고 해요. 문제는 이들이 곡물 같은 먹거리를 자신들의 돈벌이를 위해 맘대로 이용하고 쥐락펴락하는 탓에 많은 사람이 식량을 제대로 구

할 수 없다는 거예요. 이런 잘못된 세계 경제 구조와 불평등한 식량 분배 체계가 식량 부족의 원인이라는 겁니다."

현준의 얘기를 유심히 듣고 있던 같은 반대 팀의 유림이 잽싸게 맞장구를 쳤다. 그때 찬성 팀 혜은이 의문을 제기했다.

"무슨 얘긴지는 알겠어요. 근데 그게 GMO와 특별히 무슨 관계가 있나요? 식량 부족의 원인이 어디에 있든 GMO로 식량을 더욱더 많이 생산하면 좋은 일이잖아요?"

진아는 문득 헷갈렸다. 딴엔 맞는 말처럼 들렸기 때문이다. 진아가 누가 좀 나서서 답변해 보라는 눈짓으로 같은 팀의 현준과 유림을 번갈아 쳐다보자, 유림이 어깨를 한 번 으쓱하며 입을 열었다.

"에이, 그게 아니라 원인이 무엇이냐에 따라 해결책도 달라지죠. 식량 위기의 원인이 잘못된 경제 구조에 있다면 해법은 그것을 뜯어고치는 것이지 GMO를 많이 재배하는 게 아닙니다."

"그렇죠. 바로 그래서 GMO가 식량 위기를 해결할 거라는 주장은 너무 순진한 얘기입니다. 더구나 GMO가 안고 있는 수많은 문제점을 알게 된다면 그런 얘기를 더욱 하기 힘들 거예요."

진아가 헷갈리든 말든 이렇게 현준까지 가세하면서 바야흐로 반대 팀의 주장이 본격적으로 펼쳐질 참이다. 마침 선생님도 "그래, 얼마나 잘 준비했는지 반대 팀 얘기를 한번 들어 보자."고 하면서 분위기를 띄워 줬다. 그러자 현준이 갈고 닦은 무기를 휘두르듯 두 팔을 앞으로 한 번 쭉 내뻗고 난 뒤 얘기를 시작했다.

GMO는 안전할까?

"GMO의 가장 큰 문제는 안전하지 않다는 점입니다. 사람 몸에 나쁜 영향을 미칠 수 있다는 거죠. GMO는 아주 최근에 만들어진 '신상품'입니다. 재배되기 시작한 게 20년밖에 되지 않잖아요? 그래서 GMO는 아직 안전성이 확실히 검증되지 않았습니다. GMO를 먹었을 때 알레르기, 암, 독성 중독과 같은 여러 문제가 생길 수 있다는 연구 결과도 속속 발표되고 있고요. 이에 비해 다른 일반 농작물은 짧게는 수백 년에서 길게는 수만 년이란 세월을 거치면서 안전성이 검증됐죠."

현준의 얘기에 정수가 안경을 살짝 밀어 올렸다. 무슨 얘기를 시작할 때 나타나는 습관적인 몸짓이다.

"그건 너무 과장된 주장입니다. 먼저 한번 물어보죠. 여태껏 GMO를 먹고서 죽은 사람이 실제로 있습니까? 미국이 GMO의 천국이라는데, 그런 미국 사람들이 GMO 탓에 무슨 몹쓸 병이나 큰 병에 걸린 사례가 있나요?"

찬성 팀의 반박이 시작되었다. 공격 방법도 절묘했다. 역으로 허점을 찌르는 질문을 날카롭게 던진 것이다.

"아 뭐, 죽은 사람은 없는 걸로 알고 있습니다. 큰 병에 걸린 경우는 글쎄요, 없는 것 같기도 하고……, 아이고, 잘 모르겠네요."

현준의 대답이 영 시원찮다. 목소리도 기어들어 가는 듯했다. 같은 팀원인 진아는 입술을 꾹 다물었고, 유림은 입가를 씰룩거렸다. 마땅히 반박할 논리가 떠오르지 않는 탓이다. 진아는 골똘히 생각했다. '이렇게 밀릴 순 없어. 어떻게든 반론할 거리를 찾아야 해.'라고 마음을 다잡았다. 그렇게 잠깐 생각을 가다듬은 뒤 진아가 입을 열었다.

"저기, 제 생각은 이렇습니다. 아직 큰 문제가 터지지 않았다고 해서 앞으로도 문제가 없을 거라고 확신하는 건 위험합니다. 예를 들면 원자력 발전도 안전하다고 주장하는 사람들이 많지만 한 번 사고가 터지면

엄청난 재앙을 피할 수 없잖아요? GMO도 비슷합니다. 그리고 우리나라든 외국이든 GMO 여론 조사 결과를 보면 반대 의견이 훨씬 높게 나오잖아요? 특히 유럽 같은 데서는 GMO에 대한 규제와 감시도 매우 엄격하다고 합니다. 이런 게 다 이유와 근거가 있으니까 그런 거죠."

그러자 그새 기가 살아났는지 유림도 진아를 거들고 나섰다.

"무엇보다 유전자 조작 기술은 같은 종뿐만 아니라 서로 다른 종 사이, 심지어는 동물과 식물 사이에도 적용됩니다. 자연과 생명의 본성에서 벗어난 이런 희한한 기술이 언제 어떤 문제를 일으킬지는 아무도 몰라요. 그렇다면 최대한 조심하는 게 현명한 자세가 아닐까요?"

이윽고 듣고 있던 선생님이 입을 열었다.

"그래, 이 문제는 사실 어느 쪽 얘기가 옳은지 판단하기가 상당히 어려워. 하지만 어떻든 많은 사람이 GMO의 안전성을 믿지 못하는 건 사실이기 때문에 어떤 식품에 GMO가 들어 있는지 아닌지는 정확하게 표시하는 게 좋지 않을까 싶어. 자, 그럼 이제 다른 주제로 넘어가자. 반대 팀에서 얘기할 게 더 있을 것 같은데?"

GMO가 환경과 농업을 망가뜨린다?

"당연하죠. 얘기할 게 아주 많아요."

유림이 단단히 작심한 듯 야무지게 입술을 오므리며 얘기를 시작했다.

"GMO는 환경을 파괴하고 생태계에 커다란 혼란과 피해를 줍니다. 먼저 GMO는 야생의 자연으로 퍼져 나갈 수 있습니다. GMO 대부분은 제초제나 병충해를 잘 견디도록 만들어진 것들이잖아요? 근데 이것들이 경작지에서 벗어나 야생으로 나가면 새로운 '괴물' 야생종이 탄생할 수 있고, 이것들이 기존의 본래 생태계를 엉망진창으로 만들 위험성이 높다는 거죠."

"'괴물'이라니, 그건 너무 심한 표현 아니에요?"

찬성 팀의 정수가 딴죽을 걸었다. 하지만 유림은 조금도 물러서지 않았다.

"아뇨, 저는 심하다고 생각하지 않아요. 자, 예를 들어 제초제에 저항성이 있는 유전자 조작 옥수수의 경우 제초제를 뿌리면 옥수수는 멀쩡하고 다른 잡초는 죽어야 하잖아요? 그런데 제초제를 계속 뿌리다 보면 제초제에도 죽지 않는 변종 잡초가 나타날 수 있습니다. 자료를 보니까 이걸 '슈퍼 잡초'라 부르더군요. 이렇게 되면 제초제를 뿌려도 소용이 없고, 결국 슈퍼 잡초는 옥수수밭은 물론 부근 생태계를 쑥대밭으로 만들게 되죠. 이러니 옥수수밭과 생태계 입장에서는 GMO가 괴물로 여겨지지 않겠어요?"

유림의 반격이 매서웠다. 그러자 현준도 덩달아 한 방 쏘아 올렸다.

"'슈퍼 해충'이란 것도 있어요. 살충제를 아무리 뿌려도 죽지 않는 변종 벌레죠. 이런 슈퍼 잡초나 슈퍼 해충이 나타나면 농사를 완전히 망칠 수밖에 없습니다. 그리고 이런 것들을 없애려면 더욱 강력하고 새로운 농약을 갈수록 많이 사용해야 하니까 환경이 더 파괴될 수밖에 없고요."

"이런 경우도 상상할 수 있죠. 만약에 야생의 것보다 몸집도 몇 배나 크고 먹이도 몇 배나 먹어 치우는 유전자 조작 물고기가 강이나 바다로 퍼져 나간다면 어떻게 될까요? 더구나 이 물고기가 야생의 물고기와 짝짓기를 하면 희한한 변종 물고기가 출현하지 않겠어요? 그리되면 자연 생태계의 조화와 질서가 무너질 수밖에 없습니다."

드디어 진아까지 나섰다. 이번엔 반대 팀의 총반격이다. 찬성 팀 쪽에서 수군거리는 소리가 들려왔다. 반론을 준비하려고 귓속말로 서로 의견을 나누고 있다. 그러더니 정수가 민철의 등을 슬쩍 떠밀었다. 대표로 나서 발언하라는 재촉이다.

"중요한 건 그런 일이 실제로 얼마나 자주 일어나느냐 하는 것 아닐까요? 지금 반대 팀은 조그만 위험성을 너무 과장하고 있습니다. 쓸데없이 GMO에 대한 불안감과 공포심을 부추겨서는 안 된다고 생각합니다. 또, 설사 약간의 문제가 있더라도 GMO를 종합적으로 보면 장점이 주는 혜택이 훨씬 크죠."

토론 열기가 후끈 달아오르고 있다. 그런 모습을 흥미롭게 지켜보고 있는 선생님은 평소엔 잔소리가 많은 편이지만 토론 시간에는 어지간하면 간섭하지 않는다. '좀 서툴고 미숙해도 너희끼리 스스로 토론을 잘 이끌어 가 봐.' 하는 게 선생님의 속뜻일 거라고 진아는 짐작한다. 그때 같은 팀의 현준이 또다시 포문을 열었다.

"그뿐만 아니라 GMO는 세계 곳곳에서 농업과 농민도 망가뜨리고 있

> **GMO가 멕시코 옥수수를 망쳤다?**
>
> 멕시코는 옥수수의 고향이자 옥수수를 많이 생산하는 나라로 유명하다. 그런데 이런 멕시코가 미국 등의 압력으로 농산물 시장을 개방하자 값싼 미국산 유전자 조작 옥수수가 대량으로 쏟아져 들어왔다. 그 탓에 옥수수 농사를 망쳐 버린 멕시코 농부들은 다시 일반 재래종 옥수수를 심었다. 그런데 곳곳에서 유전자 조작 옥수수가 나왔다. 어찌 된 일일까? 이전에 옥수수밭에 떨어져 있던 유전자 조작 옥수수의 알곡이 싹을 틔웠고, 이것과 일반 재래종 옥수수 사이에 교배가 이루어져 새로운 유전자 조작 옥수수가 탄생한 것이다. 그 결과 유전자 조작 옥수수가 더욱 널리 퍼져 전통 옥수수는 거의 다 사라지고 말았다. 오늘날 멕시코는 옥수수 소비량의 30퍼센트를 미국에서 수입하고 있다. 옥수수 대국이었던 나라가 옥수수 대량 수입국으로 전락하고 만 것이다. GMO 반대자들은 GMO가 농업이나 생태계에 큰 손해를 끼치는 대표 사례 가운데 하나로 멕시코 옥수수 얘기를 자주 한다.

습니다. 특히 농업과 농민이 거대 기업에 종속되는 문제가 아주 심각하다고 해요. GMO를 개발해서 손아귀에 쥐고 있는 건 거대 기업인데, 이들의 가장 큰 목적은 돈벌이입니다. GMO 재배 농민들은 이들 기업이 개발해서 파는 씨앗과 농약 등을 사다 써야 하죠. 그래서 GMO가 많이 재배될수록 기업의 호주머니는 두둑해집니다. 토론 자료에 나온 몬산토라는 회사만 봐도 전 세계 GMO 특허의 90퍼센트를 차지하고 있고 전 세계 종자 시장의 4분의 1을 장악하고 있다고 해요. 그러니 GMO가 번창할수록 농민과 농업이 거대 기업의 영향력 아래 놓일 수밖에 없다는 겁니다."

"아니, 사실이 그렇다면 농민들이 거대 기업의 씨앗이나 농약을 안 사면 되잖아요?"

이렇게 반론을 제기한 건 혜은이었다. 그러나 밀릴 반대 팀이 아니었다. 이번엔 진아가 나섰다. 이 대목은 진아도 열심히 준비했던 터였다.

"그게 그렇게 간단한 일이 아니니까 문제죠. 농민이 GMO 농사에 한 번 발을 들이면 거대 기업에 의존할 수밖에 없는 구조적인 문제가 있거든요. 그걸 가장 잘 보여 주는 게 거대 기업이 개발한 트레이터traitor 기술과 터미네이터terminator 기술이라는 겁니다."

제법 어려운 용어가 등장했다. 진아가 준비한 자료를 보면서 설명을 이어 갔다.

"트레이터 기술은 자기 회사에서 만든 농약을 써야만 싹이 트도록 하는 거예요. 그래서 다른 회사의 농약을 쓰면 그 씨앗은 죽고 말죠. 결국 씨앗과 농약을 한 세트로 살 수밖에 없도록 만든 거죠. 터미네이터 기술은 번식을 맡는 유전자를 없애거나 바꾸는 거예요. 즉, 그 작물을 키워서 얻은 씨앗이 싹을 틔우지 못하도록 만드는 겁니다. 농민들이 같은 작물을 재배하려면 다시 돈을 주고 그 작물의 씨앗을 살 수밖에 없도록 만들기 위해서죠. 결국 농민은 '울며 겨자 먹기'로 거대 기업의 씨앗과 농약을 계속 살 수밖에 없고, 대신에 기업들은 큰돈을 아주 손쉽게 벌어들이고 있습니다."

진아의 상세한 설명에 찬성 팀은 조금 놀라는 눈치였다. 그때 선생님이 보충 설명도 할 겸 토론 정리도 할 겸 끼어들었다.

"음, 물론 터미네이터 기술을 개발한 애초 목적은 GMO가 뜻하지 않게 다른 데로 퍼지는 걸 사전에 막으려는 것이었다는 얘기도 있어. 하지만 그 기술이 기업한테 '황금알을 낳는 거위'가 된 건 사실이지. 자 그럼, 시간도 많이 지났으니 이제 슬슬 토론을 정리해 보자. 마지막으로 토론 모임 전체 주제가 생명 윤리인 만큼 GMO와 생명 윤리의 관계에 관해 얘기하면서 오늘 토론을 정리했으면 좋겠는데, 어때? 그래야 다음 토론으로 흐름이 자연스럽게 이어지기도 하니까 말이야."

GMO와 생명 윤리의 관계

다들 선생님의 제안에 무슨 얘기를 할지 궁리하느라 잠깐 조용해졌다. 먼저 입을 뗀 건 진아였다.

"제 생각에 유전자 조작 기술은 자연이나 생명을 너무 지나치게 뒤틀고 바꿔 놓는 것 같습니다. 어떤 생명체의 특성이나 정체성의 뿌리가 바로 유전자잖아요? 그래서 그것을 마음대로 조작한다는 건 생명 자체를 망가뜨리는 것과 같은 게 아닐까요?"

얘기를 듣고 있던 선생님은 가볍게 고개를 끄덕끄덕했다. 그런 선생님의 모습을 힐끗 쳐다보면서 현준도 한마디 보탰다.

"바로 그래서 유전자 조작 기술을 위험하고 불확실한 기술이라고 하는 거죠. 오늘날 세계 곳곳에서 GMO 반대 운동이 활발하게 펼쳐지고 있는 이유가 여기에 있습니다. 이런 기술을 자연이나 생명에 함부로 적용하는 건 생명 윤리에 어긋나는 행위라고 생각합니다. 더 심각한 문제는 이런 기술을 극소수의 거대 기업들이 독점하고 있다는 점입니다. 돈벌이가 목적인 기업이 생명의 새로운 창조자, 설계자, 소유자가 되고 있다는 거죠. 이건 더욱 위험합니다."

다음으로 찬성 팀에서는 정수가 나섰다. 평소의 과묵한 성격대로 오늘 토론에서 그다지 많은 얘기를 하지 않아서일까, 마지막 발언을 자청하고 나선 것이다.

"너무 그렇게 극단적으로 생각할 필요는 없습니다. 오늘날 우리가 누리는 풍요와 생활의 편리, 건강 같은 건 과학 기술의 발전 덕분이고, GMO도 그 가운데 하나죠. 이런 기술을 바탕으로 자연이나 동식물을 사람의 필요에 따라 적절하게 활용하는 건 좋은 일이라고 생각합니다. 생명 윤리의 중심 기준은 사람이라는 겁니다. 당장 사람이 굶고 있는데

GMO로 식량 생산을 늘릴 수 있다면 그건 당연히 바람직하죠."

정수의 얘기도 고개를 끄덕이며 듣고 있던 선생님이 드디어 마지막 마무리 발언을 했다.

"자 여러분, 이렇게 토론을 하다 보니까 개별 문제들에 대한 세세한 의견뿐만 아니라 그 바탕에 깔린 근원적인 생각, 그러니까 세계관이나 철학 같은 것도 견해 차이에 따라 갈라진다는 걸 느낄 수 있지? 이런 점을 염두에 두고 다음 토론도 잘 준비하자. 그래서 다음에는 더욱 재밌고 알찬 토론을 해 보는 거야. 다들 알겠지?"

짝짝짝! 모두 힘차게 손뼉치는 것으로 첫 번째 토론 모임이 모두 끝났다.

아까 점심시간까지만 해도 진아는 골치가 아팠다. 생각의 갈피를 잡기가 어려워 토론을 제대로 할 수 있을지 걱정하기도 했다. 하지만 막상 부딪혀 보니 의외로 재미도 있었고, 서로 얘기를 주고받는 과정에서 헷갈리는 생각도 자연스레 가다듬을 수 있었다. 잘은 모르지만 '이런 게 토론의 맛이구나.' 하는 느낌이 어렴풋이 드는 것도 같았다.

그런 진아의 마음을 알아챈 걸까? 밝은 햇살이 교실 창문으로 환하게 비치고 있었다.

함께 정리해 보기
유전자 변형 먹거리(GMO)를 둘러싼 쟁점

GMO를 찬성한다	논쟁이 되는 문제	GMO를 반대한다
식량 생산을 늘리고 고영양 고품질의 먹거리를 만들 수 있다.	GMO는 식량 위기의 대안인가?	식량 위기는 잘못된 세계 경제 구조와 식량 분배 체계를 뜯어고쳐야 해결할 수 있다.
수많은 사람이 GMO를 먹어도 별다른 문제가 없다.	GMO는 안전한가?	알레르기, 암, 독성 중독 같은 건강 문제를 일으킨다.
농업을 발전시키고 농민을 편리하게 해 준다.	GMO가 농업과 농민에 끼치는 영향은?	농업과 농민을 거대 기업에 종속시켜 큰 피해를 준다.
GMO가 자연환경을 망친다는 주장은 과장이고, 잘 관리하면 괜찮다.	GMO가 자연환경에 미치는 영향은?	GMO가 야생으로 퍼져 나가 환경을 파괴하고 생태계의 본래 질서를 크게 어지럽힌다.
자연이나 동식물을 인간의 이익과 필요를 위해 변형하고 활용하는 건 좋은 일이다.	GMO와 생명 윤리와의 관계는?	생명의 본성과 자연의 뿌리를 인위적으로 조작하고 바꾸는 것은 생명 윤리를 훼손하는 일이다.

2장 [생명 복제]
과학의 축복일까, 새로운 재앙일까?

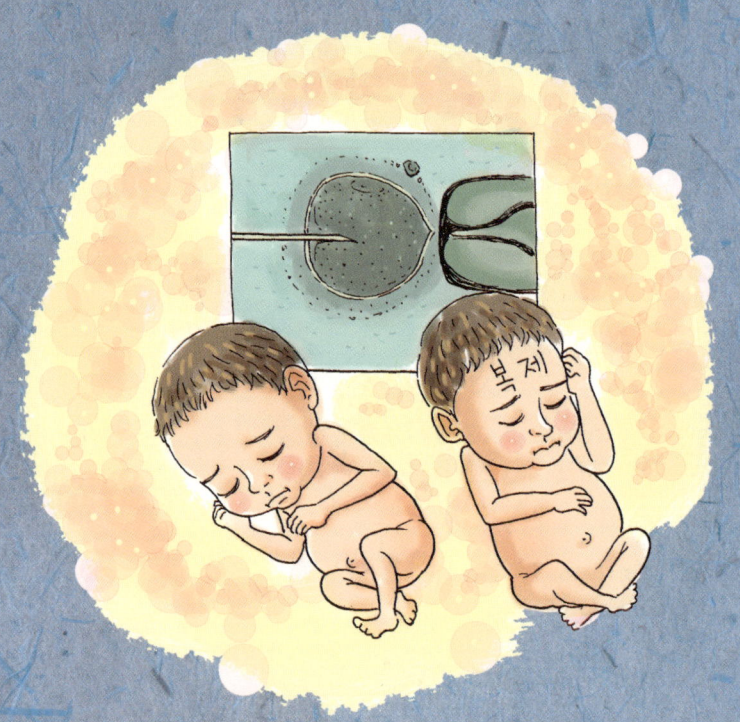

유전 공학을 비롯한 과학 기술의 놀라운 발전으로 동물 복제가 가능해졌어. 정상적으로 동물이 태어나는 게 아니라, 인간이 자신에게 필요한 동물을 인위적으로 탄생시킬 수 있게 됐다는 얘기지. 덩달아 인간 복제를 둘러싼 논란까지 일고 있어. 이런 상황에서 모든 동물이 복제 가능한지, 동물 복제의 성공 가능성은 얼마나 되는지, 동물 복제의 장단점은 뭔지, 인간 복제는 과연 가능한지, 인간 복제가 불러일으킬 문제는 뭔지 등을 따져 보는 게 필요해.

유전자 검사와 유전 정보 활용을 둘러싼 논쟁도 뜨거워. 이 두 가지 모두 우리가 일상에서 얼마든지 겪을 수 있는 일이어서 각각의 장단점을 잘 알아 두는 게 좋단다.

생명 복제 찬성 팀

민철   혜은   정수

동물 복제를 하면 다양한 이득을 얻을 수 있어. 예를 들어 사람에게 이식할 수 있는 장기를 가진 동물을 대량으로 복제하거나, 고기가 맛있는 소나 우유가 많이 나오는 소를 대량으로 복제하면 큰 이득이 되지 않겠어? 인간 복제는 문제가 많아서 함부로 하면 안 되겠지만, 때에 따라서는 필요할 수도 있어.

유전자 검사는 유용한 거야. 나중에 어떤 병에 걸릴지를 미리 알아내 사전에 예방할 수 있으니까 말이야. 유전 정보 활용도 마찬가지야. 유전 정보를 잘 활용하면 범죄 수사, 기업의 광고 활동, 새로운 의료 기술이나 치료법 개발, 국민 건강 향상 등에 큰 도움이 될 수 있어.

생명 복제 반대 팀

진아　　　　　　현준　　　　　　유림

동물 복제는 인간의 이익과 필요만을 앞세워 동물을 지나치게 수단과 도구로만 다루는 거야. 복제가 가능한 동물도 극히 한정돼 있고 성공 가능성도 거의 없어. 더구나 설령 복제에 성공했다 하더라도 복제 동물은 여러모로 아주 위험해. 인간 복제는 인간의 존엄성과 정체성, 그리고 인권을 근본적으로 파괴하는 나쁜 짓이야.

유전자 검사는 장애인 등에 대한 사회적 차별을 낳고 사람을 보는 관점을 비뚤어지게 만들 가능성이 높아. 노력이나 능력이 아니라 태어날 때부터 정해진 유전자로 사람을 판단하게 하기 때문이지. 유전 정보 활용도 개인의 사생활과 인권을 침해할 위험이 커서 아주 조심해야 해.

복제 양 돌리의 탄생

1997년 봄, 전 세계는 깜짝 놀랐다. 복제 양 돌리가 태어났다는 뉴스가 전해진 것이다.

돌리는 지금껏 세상에 존재한 모든 동물 가운데 가장 큰 주목을 받은 동물이다. 태어난 방식이 너무나 놀라웠기 때문이다. 대부분 동물은 짝짓기, 곧 수컷의 정자와 암컷의 난자가 만나는 수정을 통해 새로운 생명이 탄생한다. 하지만 돌리는 그게 아니었다. 수정이 이루어지지 않은 상태에서 태어난 것이다. 무슨 일이 벌어진 걸까?

과학자들은 6살짜리 암컷 양의 가슴 부위에서 체세포^{생식 세포를 제외한 모든 세포}를 떼어서 다른 암컷 양의 유전 물질을 제거한 난자 속에 집어넣었다. 그런 다음 이 세포와 난자가 합쳐질 수 있도록 전기 자극을 가했다. 그러자 놀랍게도 난자와 세포가 결합하여 '배아'로 자라나기 시작했다. '배아'는 난자와 정자가 수정된 후 완전한 개체로 자라기 전까지의 발생 초기 생명체이다. 이 배아는 수정을 통해 암컷과 수컷의 유전자를 동시에 물려받는 일반 배아와는 달리 오로지 6살짜리 암컷 양의 유전자만을 물려받아 만들어졌다. 이처럼 인위적인 방법으로 본래의 것과 유전자가 똑같은 개체를 새롭게 만드는 것을 '복제'라 한다. 한마디로 돌리는 체세포의 주인인 6살짜리 암컷 양을 그대로 본뜬 복제 동물인 것이다.

돌리의 겉모습은 일반 양과 똑같다. 하지만 돌리는 일반 양과는 달리 아빠가 없다. 엄마만 셋이다. 하나는 가슴 부위 세포를 통해 유전자를 제공한 엄마다. 또 하나는 난자를 제공한 엄마다. 또 다른 하나는 낳아 준 엄마다. 돌리의 탄생은 수컷의 정자와 암컷의 난자가 결합해 만들어지는 수정란이 아니라, 암컷의 가슴 부위 세포라는 체세포에서 시작되었다. 그 결과 '아빠' 양의 유전자는 전혀 없이, 체세포를 제공한 '엄마' 양의 성질과 특징만을 고스란히 지닌 복제 동물이 생겨났다. 온 세상이 깜짝 놀란 것은 다 자란 어른 동물의 체세포를 이용해 새로운 개체를 탄생시키는 방식은 돌리가 처음이었기 때문이다.

양의 복제는 성공했다. 그렇다면 인간은? 복제 양 돌리의 탄생은 인간 복제의 가능성을 낳으면서 엄청난 논란을 불러일으켰다. 복제 인간의 출현이 단지 소설이나 공상 과학 영화에서나 가능한 게 아니라 현실에서도 가능하리라는 전망이 급속도로 퍼지게 된 것이다. 복제를 둘러싼 뜨거운 논쟁은 지금도 계속되고 있다.

더 공부해 오기

돌리의 탄생은 과학계뿐만 아니라 세계 전체에 엄청난 충격을 안겨 주었다. 인간 복제가 안고 있는 심각한 의미를 비롯해 동물 등 생명체 복제에 얽혀 있는 수많은 문제와 논쟁거리들이 실로 만만치 많은 내용을 담고 있기 때문이다. 다음과 같은 사항을 중심으로 공부해 오자.

▷ 동물 복제는 어디까지 가능할까? 그리고 동물 복제의 장점과 단점은 뭘까?
▷ 인간 복제의 가능성과 문제점은?
▷ 유전자 검사란 무엇이며, 이것의 장점과 단점은 뭘까?
▷ 유전 정보 활용 사례로는 어떤 것들이 있으며, 이것의 장점과 단점은 뭘까?

[생명 복제]
과학의 축복일까, 새로운 재앙일까?

기다려지는 두 번째 토론 시간

 아침 등굣길, 오늘은 진아의 발걸음이 가볍다. 하늘도 맑고, 햇볕도 따스하고, 바람도 상쾌하다.
 "혜은아!"
 진아는 저만치 앞서 가고 있는 혜은을 반가운 목소리로 불렀다.
 "응, 진아구나."
 혜은은 돌아보며 손을 흔들었다. 그런데 가까이 다가가서 보니 혜은의 표정이 좀 어두워 보였다. 그리고 보니 목소리에도 힘이 좀 없는 것 같다. 왜 그런지 물어보니 요 며칠 감기 기운이 있어서 오늘 있을 토론 준비를 충실히 하지 못했단다.
 "야, 그래도 넌 토론반 에이스잖아? 대충만 준비해도 평소 실력으로 알아서 잘할 텐데 뭘."

진아는 짐짓 위로와 격려의 얘기를 해 주면서 등까지 토닥여 주었다. 진아가 이런 여유를 부릴 수 있는 건 자신은 토론 준비를 제법 단단히 했다는 자신감이 있기 때문이다.

지난 주말에 큰아버지네 가족이 오랜만에 집에 놀러 왔는데, 진아는 그때 사촌 언니한테서 오늘의 토론 주제인 생명 복제와 유전자 검사, 유전 정보 활용 등에 대해 일종의 '특별 과외'를 받았다. 사촌 언니는 마침 생물학을 전공하는 대학생이어서 이런 주제에 대해선 척척박사였다. 진아의 등굣길이 명랑한 데에는 다 이유가 있었다.

동물 복제의 빛과 그늘

"다 모였지? 자, 그만 떠들고 이제 자리를 정리해서 앉아 봐. 곧 시작할 거야."

훌쩍 하루가 지나가고 어느새 특별 활동 시간이 돌아왔다. 친구들끼리 서로 어울려 장난치며 놀고 있는데, 인기척도 없이 스리슬쩍 들어온 선생님이 토론 시작을 알렸다. 이번엔 민철, 혜은, 정수가 생명 복제 찬성 팀을, 진아, 현준, 유림이 반대 팀을 각각 나누어 맡기로 하였다.

"자 여러분, 먼저 한 가지 물어보자. 여러분은 어떻게 태어났어? 먼저 정수가 말해 볼까?"

"아 그거야 두말할 필요도 없죠. 엄마 아빠가 결혼해서 두 분 사이에서 태어났죠."

"음, 그럼 이번엔 유림이가 말해 봐."

"아니 뭐, 말하나 마나 정수가 한 대답과 똑같죠. 아빠 엄마가 서로 연애하고 결혼하고 사랑해서 그 결과로 제가 이 세상에 나온 거죠."

둘 다 무슨 그런 것도 질문이냐는 투로 심드렁하게 대답했다.

"그래, 맞아. 그게 사람을 비롯한 동물 대부분이 출생하는 방식이지. 그런데 토론 자료의 돌리 이야기에서 보듯이 이제는 아빠나 엄마 둘 중에 하나가 없어도 새로운 생명체가 태어날 수 있게 됐어. 복제 기술이 부

리는 신기한 마술이지. 오늘날 이 기술로 동물 복제가 이루어지고 있을 뿐만 아니라 인간 복제에 대한 논란도 아주 뜨거워. 자, 그러면 동물 복제에 대한 얘기부터 시작해 보자. 동물 복제를 하는 이유는 뭘까?"

"네, 동물 복제를 하면 사람에게 필요한 동물을 얻을 수 있습니다. 예를 들면 사람에게 거부 반응_{자기 몸에 들어온 이물질을 침입자로 여겨서 받아들이지 않고 공격하는 현상}을 일으키지 않는 동물을 만들면 그 동물의 장기를 사람에게 이식할 수 있잖아요? 특히 돼지의 장기는 사람 것과 비슷해서 아주 쓸모가 많다고 해요. 이런 동물을 수백 수천 마리씩 복제하면 필요한 장기를 훨씬 쉽게 얻을 수 있죠."

정수의 답변이 끝나자 이번엔 민철이 나섰다.

"그뿐만 아니라 고기가 맛있는 소나 우유가 많이 나오는 소를 만들어 대량으로 복제하면 맛 좋은 고기와 우유를 더욱 값싸게 먹을 수 있지 않겠습니까? 또 유전자 조작으로 값비싼 의약품 성분을 젖으로 분비하는 염소를 만들거나 광우병에도 끄떡없는 소를 만든 뒤 이런 동물을 복제해도 큰 쓸모가 있을 거고요. 동물이나 사람의 질병을 연구하는 데도 큰 도움이 될 것 같습니다."

"저기, 그런데 그런 일이 말은 쉽지만 실제로 얼마나 가능한지는 좀 의심스러운데요?"

현준이 이렇게 의문을 던지자 같은 팀의 유림이 구체적인 사례를 들어가며 반론을 펼쳤다.

"네, 맞아요. 제가 자료를 보니까 우리나라에서 1999년에 '영롱이'라는 이름의 복제 소를 만들었대요. 그것에 힘입어 우수한 한우를 대량으로 복제해서 전국의 농가에 보급하겠다는 계획도 추진했고요. 하지만 기술적인 한계 탓에 결국 제대로 시작하지도 못한 채 포기하고 말았답니다. 제가 알아본 바로는 동물 복제의 성공률은 아주 낮습니다. 복제 가능한 동물로는 양, 젖소, 염소, 생쥐, 돼지, 고양이, 토끼 등이 있는데, 모든 종류를 통틀어 성공률은 평균 2~3퍼센트를 넘지 못한다고 해요. 그러니까 복제 동물을 실용화해서 널리 보급하는 건 대단히 어려운 일인 거죠."

"더 큰 문제도 있어요."

이번엔 진아다. 친구들의 시선이 일제히 진아한테 쏠렸다.

"먼저 하나 물어볼게요. 복제 양 돌리가 몇 살에 죽었는지 아는 사람 있어요?"

다들 잠잠하다. 그것까지 조사해 온 사람은 없는 모양이다.

"폐 쪽에 큰 병이 생겨서 6살에 죽었어요. 근데 정상적인 일반 양의 평균 수명은 12살 정도입니다. 일본에서 복제에 성공한 생쥐 12마리 가운데서도 10마리가 평균 수명의 절반밖에 살지 못했다고 합니다. 더구나 복제한 쥐들은 간과 폐가 일찍부터 망가졌고 종양까지 생겼다고 해요. 이처럼 복제 동물은 정상 동물에 비해 수명도 아주 짧고, 질병과 기형과 장애도 아주 많습니다. 복제 동물은 아직 건강이나 안전성이 검증되지 않아서 아주 위험하다는 거죠."

사촌 언니한테서 배워 온 진아의 발언엔 거침이 없었다. 하지만 찬성팀의 혜은이 곧장 반격을 개시했다.

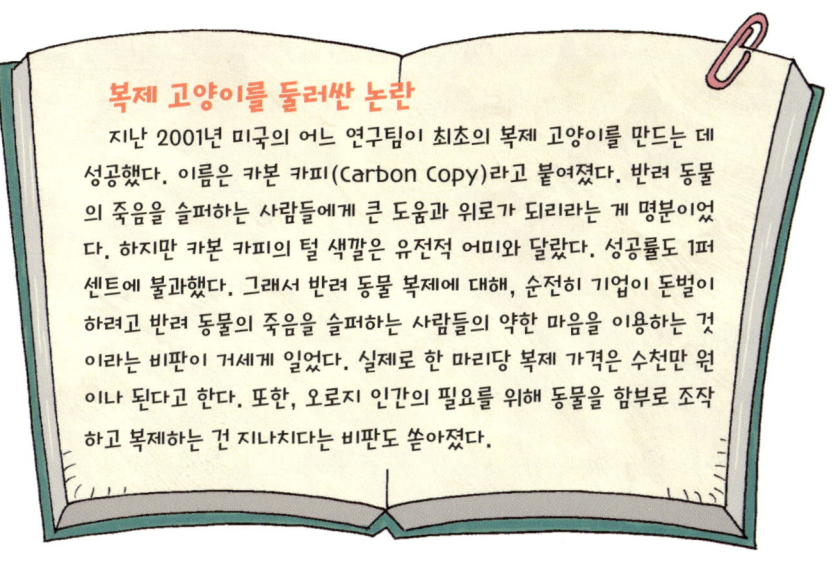

복제 고양이를 둘러싼 논란

지난 2001년 미국의 어느 연구팀이 최초의 복제 고양이를 만드는 데 성공했다. 이름은 카본 카피(Carbon Copy)라고 붙여졌다. 반려 동물의 죽음을 슬퍼하는 사람들에게 큰 도움과 위로가 되리라는 게 명분이었다. 하지만 카본 카피의 털 색깔은 유전적 어미와 달랐다. 성공률도 1퍼센트에 불과했다. 그래서 반려 동물 복제에 대해, 순전히 기업이 돈벌이 하려고 반려 동물의 죽음을 슬퍼하는 사람들의 약한 마음을 이용하는 것이라는 비판이 거세게 일었다. 실제로 한 마리당 복제 가격은 수천만 원이나 된다고 한다. 또한, 오로지 인간의 필요를 위해 동물을 함부로 조작하고 복제하는 건 지나치다는 비판도 쏟아졌다.

"지금 좀 문제가 있다고 해서 영원히 그런 건 아니잖아요? 복제 기술은 앞으로 더 빨리 발전할 것이고 그러면 많은 문제를 해결할 수 있을 거예요."

준비를 제대로 하지 못했다는 혜은이 드디어 입을 열었다. 평소 같으면 에이스답게 처음부터 적극적으로 발언에 나섰을 텐데 오늘은 시동이 조금 늦게 걸렸다.

"저기, 더욱 중요한 얘기가 있습니다."

그때 반대 팀 유림이 새로운 얘기를 꺼냈다. 선생님이 어서 얘기해 보라는 눈짓을 보냈다.

"제 생각에 동물 복제는 동물을 너무 수단과 도구로만 여기는 것 같습니다. 무분별한 동물 복제 탓에 얼마나 많은 동물이 고통과 희생을 당하겠어요? 인간의 행복과 편리만을 위해 다른 생명체를 지나치게 괴롭히는 건 윤리적으로 잘못입니다. 동물 복제는 정말 절실하고 긴급한 이유가 아니라면 되도록 하지 않는 게 좋다고 생각합니다."

이렇게 반대 팀의 발언이 잇따르자 찬성 팀 친구들도 엉덩이를 들썩거렸다. 우리도 무슨 얘기든 해야 하는 것 아니냐는 거다. 세 친구끼리 잠깐 쑥덕거리더니 결국 혜은이 나섰다.

"음, 동물 복제를 비롯해 오늘날 유전 공학이나 생명 과학의 발달은 거스를 수 없는 대세입니다. 그렇게 자꾸 문제점만 지적하고 반대하면 앞서 가는 흐름에 뒤처질 수밖에 없죠. 복제 기술이 아직은 완벽하지 않지만 계속 발전하고 있기 때문에 지금 지적된 많은 문제들은 머잖아 해결할 수 있을 거예요. 그리고 동물 복제에 있어서도 중요한 건 사람입니다. 장기 이식에서 보듯 동물 복제로 많은 사람이 도움과 혜택을 받을 수 있다면 그건 좋은 일이죠."

역시 의견이 팽팽하게 맞섰다. 지난번과 비슷하다.

인간 복제는 재앙일까?

"그럼 이제 인간 복제에 관해 얘기해 보자. 음, 동물 복제에 대해서는 찬성과 반대 의견이 크게 엇갈리지만, 인간 복제 문제는 좀 다르지 않을까 싶어. 현재 모든 나라에서 인간 복제는 법으로 금지돼 있어. 인간 복

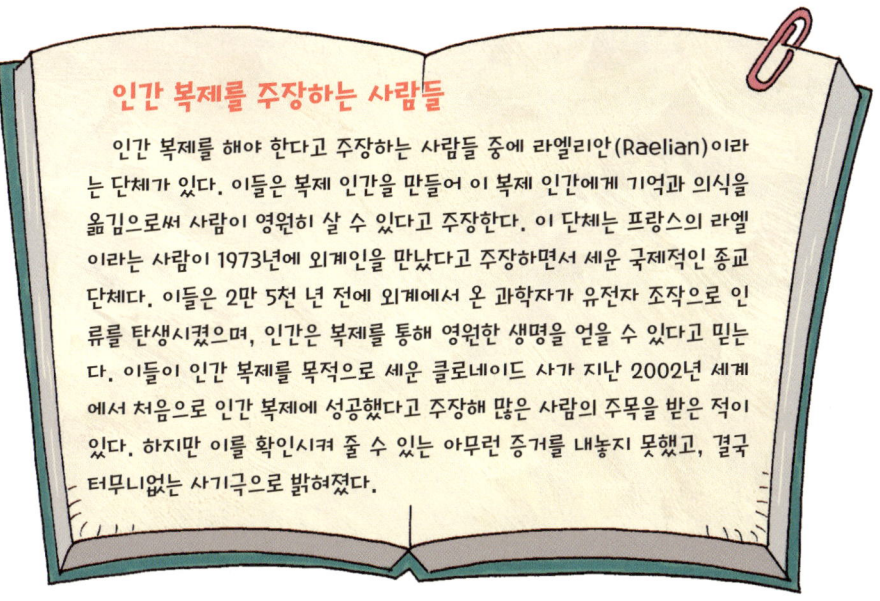

인간 복제를 주장하는 사람들

인간 복제를 해야 한다고 주장하는 사람들 중에 라엘리안(Raelian)이라는 단체가 있다. 이들은 복제 인간을 만들어 이 복제 인간에게 기억과 의식을 옮김으로써 사람이 영원히 살 수 있다고 주장한다. 이 단체는 프랑스의 라엘이라는 사람이 1973년에 외계인을 만났다고 주장하면서 세운 국제적인 종교 단체다. 이들은 2만 5천 년 전에 외계에서 온 과학자가 유전자 조작으로 인류를 탄생시켰으며, 인간은 복제를 통해 영원한 생명을 얻을 수 있다고 믿는다. 이들이 인간 복제를 목적으로 세운 클로네이드 사가 지난 2002년 세계에서 처음으로 인간 복제에 성공했다고 주장해 많은 사람의 주목을 받은 적이 있다. 하지만 이를 확인시켜 줄 수 있는 아무런 증거를 내놓지 못했고, 결국 터무니없는 사기극으로 밝혀졌다.

제가 안고 있는 문제와 위험성이 너무 큰 탓이지. 그래서 이 주제만큼은 문제점에 대한 의견을 주고받는 것으로 진행하는 게 좋을 것 같아. 뭐 물론 인간 복제를 찬성하는 사람이 있다면 그런 의견을 얼마든지 얘기해도 좋고. 먼저 인간 복제는 도대체 어떻게 이루어지는지부터 정확하게 확인하고 넘어갈까? 누구 얘기할 사람?"

"네, 제가 먼저 얘기하겠습니다."

오늘따라 유난히 자신감이 넘치는 진아가 선뜻 나섰다.

"간단히 말하면 복제 양 돌리를 만드는 방식으로 인간을 만드는 거죠. 그러니까 A라는 사람이 자신의 체세포를 B라는 여성의 난자에 집어넣어 전기 충격을 가해 이 둘을 결합한 뒤 C라는 여성의 자궁에서 키우면 이

론적으로 아기가 태어날 수 있는 거죠. 여기서 A는 남자일 수도 있고 여자일 수도 있습니다. 남자라면 복제된 아이도 남자일 것이고 여자라면 복제된 아이도 여자로 태어나겠죠. 그리고 A와 B와 C는 동일한 사람일 수도 있고, 제각각 다른 사람일 수도 있습니다. 물론 하나의 사람일 경우는 여자여야겠죠. 이 아기가 가지게 되는 유전 정보는 A라는 사람의 체세포에서 비롯된 것이고, 그래서 아이는 A라는 사람과 유전적으로 똑같은 사람이 됩니다. A의 복제 인간이 탄생하는 거죠."

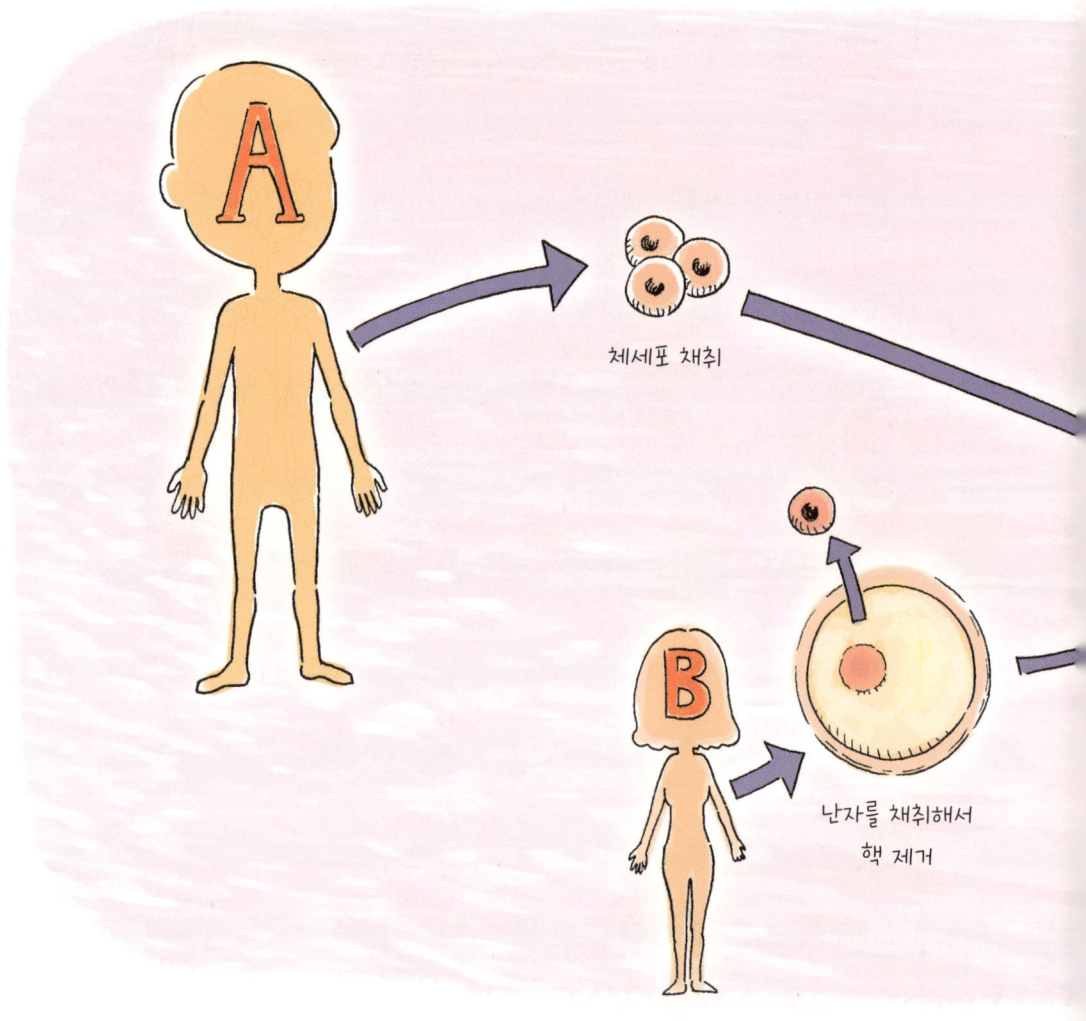

체세포 채취

난자를 채취해서 핵 제거

"선생님, 근데 인간 복제가 진짜 가능한 거예요? 저로서는 도무지 실감이 안 나는데요?"

진아의 설명이 끝나자마자 대뜸 민철이 고개를 갸우뚱거리며 질문을 던졌다.

"응, 원숭이 같은 영장류나 사람은 복제 자체가 불가능하다고 평가하는 전문가가 많은 건 사실이야. 하지만 인간 복제에 대한 토론이 필요한 이유는 그 실현 가능성과 관계없이 우리 토론의 전체 주제인 생명 윤리

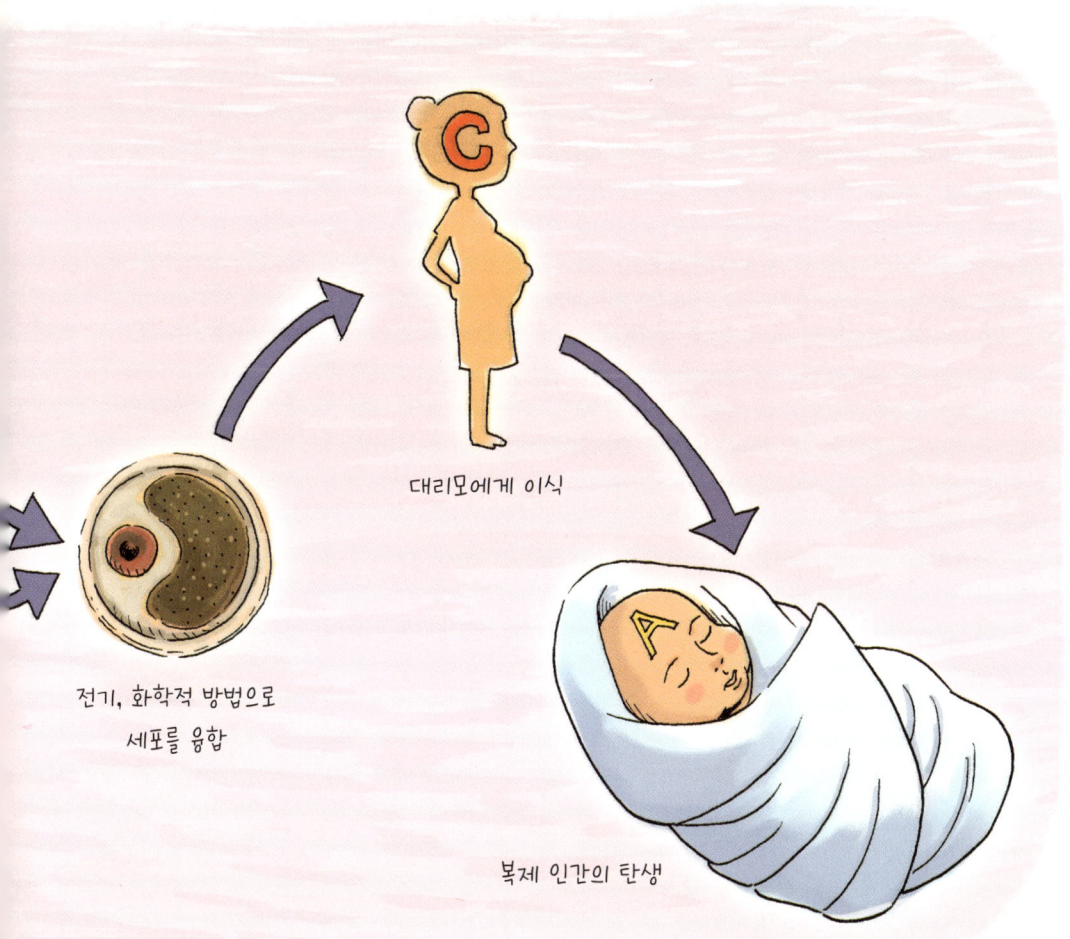

전기, 화학적 방법으로
세포를 융합

대리모에게 이식

복제 인간의 탄생

논의에 중요한 의미를 던져 주기 때문이야. 그럼 먼저 실감이 안 난다는 민철이부터 인간 복제의 문제점에 관해 얘기해 볼래?"

"네, 인간 복제는 인간의 정체성과 존엄성을 파괴하는 아주 위험하고 무책임한 짓이라고 생각합니다. 모든 사람은 제각각 과거에도 없었고 미래에도 없을 완전히 고유하고 독창적인 단 하나의 존재잖아요? 그래서 모든 사람은 생김새든 성격이든 능력이든, 자신이 어떤 사람인지 모르는 채 완전히 새로운 존재로 태어나는 것이고요. 그런데 복제 인간은 자신의 유전자가 사전에 결정된 탓에 어떤 사람인지 미리 다 알게 되어 있습니다. 이런 복제 인간이 온전한 인간의 지위를 가진다고 할 수 있을지 의문입니다."

선생님은 민철에게 철학적인 내용을 잘 설명했다고 칭찬해 줬다. 진아는 솔직히 민철이 한 얘기를 백 퍼센트 이해하기는 어려웠다. 그래도 핵심적인 뜻이나 메시지는 짐작할 수 있었다.

"저는 복제 인간의 입장에서 생각해 봤는데요, 제가 만약 복제 아기라면 커 나가면서 굉장히 혼란스러울 것 같습니다."

유림이 조금 색다른 얘기를 꺼냈다.

"복제 아기는 성장하면서 자기에게 유전자를 제공해 준 원본 '아빠'나 '엄마'를 보게 되잖아요? 그 속에서 늘 미래의 자기 모습을 떠올리게 되겠죠. '나도 커서 저 나이가 되면 저런 모습의 저런 사람이겠구나.' 하는 것을 늘 의식하게 된다는 거죠. 그러면 '나는 도대체 누구인가?' 하는 극심한 혼돈에 빠지지 않을까요? 정말 고통스러울 것 같아요."

그때 혜은이 입을 열었다.

"근데 인간 복제가 필요한 경우도 있지 않을까요? 이를테면 교통사고로 죽은 자식의 살아 있는 세포를 건질 수 있다면 그것을 엄마가 자기 난자와 결합시켜서 죽은 아이와 똑같은 아이를 새롭게 얻을 수 있잖아요? 또 아기를 갖지 못하는 불임 부부의 경우에도 인간 복제로 자식을 얻을 수 있을 거고요."

"그래, 아주 흥미로운 얘기구나. 다른 친구들은 혜은이 얘기를 어떻게 생각해?"

그러자 무슨 생각인가에 푹 빠져 있던 현준이 말문을 열었다.

"제 생각엔 그게 그렇게 간단한 문제가 아닐 것 같아요. 죽은 아이와 복제된 아이는 겉으로는 같은 사람인 것처럼 보일지 몰라도 사실은 같은 사람이 아니잖아요? 그 둘은 유전적으로는 같겠지만 성격, 행동, 취향, 소질 같은 건 얼마든지 다를 수 있죠. 왜냐하면 어떤 사람이 되는가 하는 건 유전자뿐만 아니라 성장 환경, 사회적 조건, 자라면서 겪는 경험 등에 따라 달라지기 마련이니까요. 예를 들어, 그렇게 복제해서 낳은 아이가 죽은 아이와 겉모습은 똑같은데 행동이나 성격이 전혀 다르다면 그 부모가 얼마나 혼란스럽겠어요?"

다들 현준의 말을 수긍하는지 별다른 이견이 없다. 정수도 한마디 보탰다.

"저는 이런 의문이 들었습니다. 방금 진아가 설명했듯이 복제 인간의 부모는 세 명이 될 수도 있잖아요? 그러면 그 세 사람을 모두 부모로 보아야 하나요? 돌리 같은 양이야 부모가 셋이든 하나든 별 상관없는지 모르지만, 우리 인간은 이거 도대체 어떻게 되는 건지, 아주 헷갈려요."

"네, 그렇습니다. 그래서 인간 복제는 인간의 개념을 뿌리째 뒤흔드는 행위라고 할 수 있습니다. 무엇보다 어떤 목적으로든 인간을 복제하면 이미 그 복제 인간은 목적을 위한 수단이나 도구가 되는 거잖아요? 그러니까 인간 복제는 복제된 사람을 다른 사람의 특정한 소망이나 필요를 충족시켜 주는 일종의 '상품' 같은 것으로 만드는 거죠. 사람을 이런 식으로 취급해선 안 된다고 생각합니다."

다시 진아였다. 인간 복제에 대한 논의를 마무리라도 짓겠다는 듯 말투도 야무졌고 내용도 명료했다. 그렇게 해서 인간 복제에 대한 토론이 끝나는 듯했는데, 그때 유림이 입을 열었다.

"지금 막 떠오른 생각이 있어서 제가 한마디만 더 할게요. 음, 뭐냐면 바로 죽음에 대한 거예요."

"으엉? 죽음?"

다들 이렇게 되뇌면서 '대체 저게 뭔 소리지?' 하며 의아해 하는 표정들을 지었다. 선생님도 마찬가지였다.

"네, 그러니까 인간 복제가 가능하다면 죽은 사람도 그 사람의 체세포를 살아 있을 때 떼어 두었다가 죽고 나서 복제할 수 있잖아요? 만약에 그런 일이 벌어진다면 죽음이란 건 도대체 어떻게 되는 거예요? 죽음이 없어지는 건가요?"

선생님도 이런 생각은 미처 해 보지 않았던 듯 놀라는 눈치였다.

"야 이거, 여러 친구들이 얘기를 다채롭게 풀어 놓으니까 인간 복제에 대한 논의가 아주 풍성해졌네. 그래, 쭉 얘기해 보니까 어때? 인간이란 무엇인지, '나'라는 존재는 무엇인지, 삶과 죽음이란 무엇인지, 생명의 본질은 무엇인지와 같이 평소엔 생각할 일이 없지만, 사실은 아주 중요한 문제들을 새삼 고민해 보는 소중한 기회가 됐지?"

유전자 검사는 약일까, 독일까?

선생님은 토론의 물꼬를 다른 주제로 돌렸다. 이젠 유전자 검사다. 선생님은 먼저 유전자 검사를 하는 이유를 물었다.

"어떤 사람이 유전으로 인해 생기는 병이 있는지 없는지를 사전에 알아내려는 거죠."

정수의 대답이었다.

"그렇지. 근데 전적으로 유전자 잘못으로 생기는 병은 사실 아주 드물어. 보통 태어날 때부터 선천성 기형이나 장애로 나타나는 경우가 많고 일찍 사망할 가능성이 높은 치명적인 병들이지. 물론 사람들이 자주 걸리는 암, 심장병, 당뇨병, 고혈압, 치매 같은 병들도 유전적 영향을 받는다고 얘기들을 해. 하지만 모든 병은 환경이나 생활 습관 같은 여러 가지 요인이 다양하게 얽혀 있기 마련이야. 자, 여기서 다시 질문. 이런 질병을 사전에 알아내는 유전자 검사가 논란이 되는 이유는 뭘까?"

선생님이 다시 질문을 던졌다. 그러자 찬성 팀의 혜은이 머리를 살짝 매만지며 간결하게 대답했다.

"저는 논란이 될 이유가 없다고 생각합니다. 유전자 검사로 나중에 어떤 질병에 걸릴지를 미리 알게 되면 그걸 사전에 예방할 수 있잖아요? 그건 그 자체로 좋은 일 아니에요?"

"그게 그렇게 단순하게 생각할 일이 아니니까 논란이 되는 거죠."

오늘 맹활약을 펼치고 있는 진아가 그냥 넘어가지 않았다. 다시 선생님과 친구들의 눈길이 일제히 진아를 향했다.

"유전자 검사는 요즘 위험한 길로 빠지는 경우가 많습니다. 대표적인 게 배아 검사입니다. 어떤 부부의 정자와 난자를 인위적으로 뽑아내 배아를 만들고 나서 그 배아에 대한 유전자 검사를 한다는 거죠. 검사 결과 배아에서 질병과 관련된 유전자가 발견되면 그 배아를 그냥 버린다고 합니다. 한데 나중에 아기로 태어날 배아라는 생명체를 이렇게 함부로 죽이고 없애도 되는 걸까요? 유전자 검사를 덮어 놓고 유전병 해결의 새로운 대안이라고 환영해서는 안 된다고 생각합니다."

"하지만 유전병을 가지고 태어날 아이의 미래를 생각해야죠. 또 그런 아이의 엄마 아빠 심정도 한번 떠올려 보세요. 치명적인 장애와 질병으로 평생 극심한 고통에 시달리면서 살기를 원하는 사람이 세상에 있겠습니까? 유전자 검사로 그런 사람과 그 가족이 겪어야 할 엄청난 고통을 사전에 없애 주는 게 뭐가 나쁘다고 그래요?"

민철의 매서운 반격이었다. 하지만 곧바로 유림이 민철을 비판하고 나

섰다.

"하지만 그게 결과적으로는 특정한 사람들, 대표적으로 장애인에 대한 사회적 차별을 더욱 부추길 수 있습니다. 그러니까 장애를 처음부터 없애려는 유전자 검사가 널리 퍼지면 지금 장애를 안고 살아가는 사람들은 '나 같은 장애인은 본래 살아갈 가치나 의미가 없다는 것이 사회 전체의 의견이구나.' 하는 생각을 하게 될 우려가 크다는 거죠. 그 자체로 고귀한 게 사람의 생명인데, 누구든 유전적 결함이 있다고 해서 살 만한 가치가 없는 존재로 여겨져선 안 된다는 겁니다."

두 팀 사이의 공방이 다시금 뜨겁게 달아오르고 있다. 이때 진아가 새로운 얘기를 꺼냈다.

"제가 보기에 유전자 검사는 우생학적으로 변질될 위험이 상당히 큽니다."

우생학이라는 좀 어려운 용어가 등장했다. 아니나 다를까, 대뜸 찬성 팀 쪽에서 "우생학? 그게 뭐죠?"라는 질문이 튀어나왔다.

"아 네, 우생학이란 사람을 유전적으로 개량해서 더욱 우수한 국민이나 인종을 만들겠다는 학문이에요. 근데 이 우생학이 현실에서는 끔찍하고 비도덕적인 인권 파괴 행위로 나타날 때가 많았습니다. 가장 대표적인 건 제2차 세계 대전을 일으킨 독일 나치가 수백만 명의 유대인을 학살한 일입니다. 나치는 자신들이 속한 독일 게르만족은 우수한 인종인데 반해 유대인들은 멸종시켜야 할 열등한 인종으로 여겼던 거죠."

"근데 그거랑 지금 토론이 무슨 관계가 있는 거죠?"

"자, 들어 보세요. 우생학은 '순수하고 우수한' 혈통을 보존해야 한다고 주장해요. 나치가 유대인을 학살하면서 내세운 명분도 그거였죠. 하지만 어떤 유전자가 우월하고 열등한지는 아무도 함부로 판단할 수 없는 거예요. 절대적인 기준도 없고요. 질병이나 장애가 있다고 해서 열등한가요? 아니잖아요? 이런 사람은 살아갈 가치가 없나요? 아니잖아요? 질병이나 장애를 가진 사람은 사회적으로 돕고 보살피고 격려해야 할 우리의 이웃이지 차별하고 제거해야 할 대상이 아닙니다. 근데 유전자 검사가 이런 일에 악용될 위험이 크다는 거죠."

혜은이 질문했고 진아가 다시 답변했다. 그러자 유림도 진아를 거들며 나섰다.

"유전자 검사로 알아낸 유전 정보가 다른 쪽으로 악용될 수 있다는 것도 문제입니다. 제가 조사하기로는 보험 가입이나 취업 등을 할 때 그런 일이 일어날 가능성이 높다고 해요. 예를 들어 어떤 사람이 위암에 걸릴 확률이 높은 유전자를 지녔다고 가정해 봐요. 그런데 그런 유전 정보가 공개된다면 보험료를 더 많이 내야 하거나, 아니면 보험 회사 쪽에서 이 사람의 보험 가입을 꺼릴 수 있습니다. 나중에 실제로 위암에 걸리면 보험 회사 쪽에서 치료비를 부담해야 하니까요."

"그건 당연한 일 아닌가요? 이를테면 제가 알기로 자동차 사고를 낸 사람은 보험료를 더 많이 냅니다. 그렇죠, 선생님?"

"그래, 자동차는 그렇지."

"네, 그런 것처럼 어떤 보험 회사든 암이 걸릴 게 뻔한 사람한테서 보험료를 더 많이 받거나 그런 사람의 보험 가입을 싫어하는 건 이해할 수 있는 일 아닌가요? 그게 무슨 큰 잘못입니까?"

불쑥 자동차 보험 얘기를 들고 나온 건 정수였다. 듣고 보니 그럴듯하다. 이런 반박은 전혀 예상하지 못한 유림은 갑자기 말문이 막혔다. 그때 선생님이 슬쩍 입을 열었다.

"음, 한데 자동차 보험과 질병 관련 보험은 좀 다를 수도 있을 것 같은데? 자, 잠깐 시간을 줄 테니 다들 한번 생각해 봐."

유림은 심각한 '사색 모드'로 들어갔고, 같은 팀의 진아와 현준도 머리를 짜내느라 얼굴이 살짝 찡그려졌다. 잠시 후 현준이 인상을 펴면서 입을 열었다. 성격만 급한 줄 알았는데 생각 정리도 빠른 모양이다.

"두 가지는 다릅니다. 자동차 보험의 경우는 사고를 이미 냈을 때, 다시 말하면 '벌어진 일'을 기준으로 삼는 거잖아요? 하지만 병에 걸리는 건 미래의 일이죠. 더구나 위암 유전자를 가졌다고 해서 반드시 위암에 걸리는 것도 아니고요. 미래에 어찌 될지 모르는 일로 차별이나 불이익을 받는 건 옳지 않다고 생각합니다."

그러자 진아도 덩달아 무슨 생각이 떠오른 듯 입술을 오물거리며 발언에 나섰다.

"저는 취직 얘기를 하겠습니다. 취직할 때 유전자 검사 결과를 중요한 판단 기준으로 삼는다면 어떻게 될까요? 또 직장을 잘 다니다가 유전자 탓에 갑자기 잘릴 수도 있겠죠. 이처럼 자신의 잘못이나 무능이나 게으름 탓이 아니라 처음부터 어쩔 수 없이 주어진 유전자 때문에 큰 불이익을 당한다면 너무 억울하지 않을까요? 이런 식으로 유전자 검사는 부당한 사회적 차별을 낳을 가능성이 아주 높습니다."

궁지에 몰리는 듯하던 반대 팀이 반격에 나서면서 흐름이 돌연 바뀌었다. 표정도 환해졌다. 반대로 찬성 팀 친구들의 표정은 쳇, 아니꼽다는 투다. 그런 양쪽 모습을 빙그레 웃으며 바라보던 선생님이 중간 교통정리에 나섰다.

바람직한 유전 정보 활용법은 뭘까?

"자, 지금 토론이 유전자 검사에 대한 얘기에서 유전 정보의 활용에 대한 얘기로 자연스럽게 넘어왔지? 이 두 가지는 본래 동전의 앞뒤 면처럼 연결되어 있지. 음, 지금 반대 팀에서 주장했듯이 유전자 검사 결과가 나쁜 쪽으로 활용될 가능성은 얼마든지 있어. 하지만 좋은 쪽으로 쓰이는 경우도 물론 있겠지? 여기에 대해서 누구 발표할 사람?"

다시 찬성 팀의 공격 차례가 돌아왔다. 먼저 정수가 안경을 밀어 올리며 말했다.

"네, 유전 정보는 범죄 수사를 할 때 결정적인 단서가 될 수 있습니다. 이를테면 살인 현장에서 범인의 것으로 보이는 담배꽁초가 발견됐다면 거기에 묻어 있는 침에서 유전 정보를 알아내 범인이 누군지를 알 수 있습니다. 유전 정보는 피 한 방울, 침, 머리카락, 손톱 조각 같은 것에서도 뽑아낼 수 있고 또 오랫동안 남아 있습니다. 그래서 범인을 잡는 데 큰 도움이 될 수 있죠."

"기업들의 광고 활동에도 큰 도움이 될 수 있습니다. 예를 들어 어떤 제약 회사가 당뇨병과 관련된 유전자를 지닌 사람들의 전체 정보를 가지고 있다면, 불필요하게 모든 사람에게 광고할 것 없이 이들에게만 약품을 선전해서 광고 비용을 크게 줄일 수 있다는 거죠. 아울러 국민의 유전 정보를 담은 전산 자료를 한데 모아 놓으면 여러모로 쓸모가 많을 것

같아요. 질병의 원인을 찾는다든가, 새로운 약이나 치료법을 개발한다든가, 진단 기술을 발전시킨다든가…….”

정수에 이어 민철도 비슷한 주장을 펼쳤다. 그러는 동안 반대 팀에서는 서로 귓속말로 의논하기도 하고, 반박거리를 찾아 자료를 뒤적거리기도 했다. 결국 현준이 얘기를 시작했다.

“지금 얘기한 것들을 가능하게 하려면 엄청난 양의 유전 정보를 한데 모아 놓아야 합니다. 현실적으로 그렇게 할 수 있는 곳은 경찰이나 검찰 같은 국가 기관이겠죠. 그런데 이게 바람직할까요? 그렇게 되면 개인의 인권과 사생활이 침해될 가능성이 아주 높습니다. 국가가 개인의 사생활에 지나치게 깊이 개입할 우려도 크고요. 수사를 핑계로 수많은 사람에게 유전자 검사를 강요할 수도 있고, 그 자료를 가지고 불필요한 의심이나 차별을 할 수도 있습니다.”

“맞아요.”

유림이 짝짜꿍하며 나섰다.

“개인의 유전 정보는 철저하게 보호되어야 한다고 생각합니다. 왜냐면 유전 정보는 어떤 사람의 가장 근본적이고 핵심적인 정보이기 때문이죠. 더구나 유전 정보는 부모, 형제자매, 자식과 후손과도 관계가 있기 때문에 더욱 중요합니다. 이런 유전 정보를 국가든 누구든 함부로 수집하고 이용하는 것은 매우 조심해야 합니다. 어떤 사람의 유전 정보를 본인의 뜻과 관계없이 사용하는 건 인권 침해니까요.”

유전 정보 활용이라는 문제를 두고서도 공방이 끝없이 이어졌다. 선생님이 토론의 가닥을 잡아야 할 시점이었다.

"그래, 유전 정보는 좋은 쪽으로도 나쁜 쪽으로도 활용될 수 있어. 그래서 혹시 유전자 검사를 할 일이 생기면 그 검사가 꼭 필요한지, 어떻게 하는 건지, 검사가 끝난 뒤 유전 정보가 제대로 보호되는지 등을 꼼꼼하게 확인하는 게 반드시 필요해. 그리고 국가에서는 유전 정보 활용과 관련한 엄격한 절차나 기준을 마련해야겠지. 자 그럼, 더 하고 싶은 얘기가 남은 사람의 발언을 들으면서 슬슬 마무리해 볼까?"

그러자 먼저 입을 연 건 현준이었다.

"네, 저는 오늘 토론을 준비하면서 '맞춤 아기'라는 걸 처음 알았습니다. 그러니까 유전 공학 기술로 사람의 능력과 관련된 유전자를 더 나은 것으로 바꿔 넣거나 새로운 것을 끼워 넣을 수도 있다는 겁니다. 이를테면 머리를 좋게 만들어 주는 유전자, 운동을 잘하게 해 주는 유전자 같은 것들이죠. 이처럼 부모가 자기 자식에게 남보다 더 뛰어난 능력을 갖추게 해 주려고 배아의 유전자를 조작하는 게 바로 '맞춤 아기'를 만드는 거죠. 그런데 이건 마치 공장에서 물건을 만들 듯이 사람을 인공적으로 '제작하는 것'이라는 불쾌한 느낌이 들었습니다."

다음으로는 진아의 얘기가 이어졌다.

"그런 일이 실제로 벌어진다면 사람 사는 세상이라고 하기 힘들 것 같아요. 그런 방식으로 사람의 능력이나 살아가는 방식이 결정된다면 그건 아예 뿌리부터 불공평하고 불평등한 세상이 되는 거니까요. 바로 이게 유전 공학의 커다란 함정이죠."

그러자 찬성 팀도 침묵을 지킬 순 없다는 듯 민철이 '흠' 하고 헛기침을 한 번 크게 하더니 말문을 열었다.

"음, 저는 긍정적인 얘기를 해 보겠습니다. 제가 본 자료 중에 유전자의 특정 부위를 조작하면 노화, 그러니까 늙어 가는 걸 늦추어서 수명을 연장할 수 있다는 내용이 있었습니다. 사람이 가진 큰 욕망 가운데 하나가 오래 살고 싶다는 거잖아요? 유전 공학 기술을 더 발달시키면 이런 꿈이 현실이 될 수도 있는 거죠."

다음 발언은 민철의 몫이었다.

"지금 반대 팀에서는 너무 어둡고 나쁜 점만 자꾸 끄집어내니까 기분이 우울합니다. 좀 밝고 유쾌한 마음으로 토론하면 안 될까요? 그래서 제 생각에 중요한 건 상대방 얘기를 귀 기울여 듣는 열린 마음가짐과 균형 감각인 것 같습니다. 양쪽 다 상대방 주장을 이해하고 받아들여야 할 대목들이 있기 마련이니까요."

유쾌 소년 민철이 하기에 딱 걸맞은 얘기였다. 마무리 발언을 하는 선생님 입가에도 미소가 감돌았다.

"하하하. 민철이 얘기로 오늘 토론을 끝내면 딱 좋겠는데? 선생님도 하고 싶었던 얘기야. 자, 오늘 주제가 여러분한테 조금 어렵지 않을까 싶었는데, 다들 수고 많았어. 오늘은 이것으로 끝!"

진아는 뿌듯했다. 나름대로 토론을 알차게 한 기분이 들었기 때문이다. 사촌 언니한테 궁금한 걸 꼬치꼬치 물어보고 자세한 설명을 들은 게 큰 도움이 된 것 같았다. 다음번 주제는 '줄기세포'다. 우선 용어부터가 어렵다. 줄기세포라니, 이게 대체 뭘까? 토론에 나름 재미를 붙인 듯 진아는 그렇게 집으로 돌아오는 길에서도 다음 토론에 대한 생각에 빠져들고 있었다.

함께 정리해 보기
생명 복제를 둘러싼 쟁점

생명 복제를 찬성한다	논쟁이 되는 문제	생명 복제를 반대한다
인간에게 필요한 동물을 대량 복제하면 다양한 이익과 혜택을 얻을 수 있다.	동물 복제를 어떻게 봐야 할까?	동물 복제는 인간의 이득과 행복만을 위해 동물을 수단과 도구로 희생시키는 일이다.
기술을 계속 발전시키면 앞으로 수많은 동물을 복제해 안전하게 활용할 수 있다.	동물 복제는 어디까지 가능한가?	복제가 가능한 동물이 극히 적고, 성공 가능성도 아주 낮으며, 복제 동물의 활용은 위험하다.
문제가 많아서 신중해야 하지만 때로는 필요할 수도 있다.	인간 복제를 어떻게 봐야 할까?	인간의 존엄성과 정체성, 인권을 파괴하는 행위로, 해서는 안 된다.
장애나 질병 예방, 의학 발전 등을 비롯해 다양한 혜택을 안겨준다.	유전자 검사의 장단점은 뭘까?	사람을 유전자로 판단함으로써 사회적 차별을 낳고 인간에 대한 관점을 왜곡할 위험이 크다.
범죄 수사, 기업의 광고 활동, 의료 발전과 사람들의 건강 향상에 큰 도움이 된다.	유전 정보 활용의 장단점은 뭘까?	개인의 사생활과 인권을 침해할 위험이 커서 아주 신중해야 한다.

3장 [줄기세포]
꿈의 치료법일까, 잘못된 환상일까?

줄기세포 치료법은 수많은 불치병이나 장애를 없앨 수 있는 마술 같은 '꿈의 치료법'으로 선전되고 있어. 하지만 여기엔 생명 파괴와 같은 수많은 문제가 얽혀 있고 심각한 부작용을 불러일으킬 것이라는 비판의 목소리도 아주 높아.
중요한 쟁점은 줄기세포 치료에 필요한 배아가 생명체인가 아닌가, 배아를 얻는 데 필요한 여성 난자를 구하는 과정이 여성의 몸과 인권에 어떤 영향을 끼치는가, 줄기세포 치료가 실제로 효과를 발휘할 수 있는가 등이야. 아울러 이런 논쟁의 연장선에서 낙태는 과연 정당한가를 놓고서도 찬반 의견이 팽팽하게 맞서고 있어.

줄기세포 치료 찬성 팀

민철 혜은 정수

줄기세포 치료법은 수많은 난치병과 장애를 해결할 수 있는 '요술지팡이'라고 할 수 있어. 그래서 인류의 행복과 삶의 질을 높이는 데 크게 이바지할 거야. 줄기세포 연구나 치료 과정에서 생명체인 배아를 함부로 죽인다고 비판하지만, 배아는 그저 세포 덩어리일 뿐이야. 배아보다 훨씬 중요한 건 고통과 절망에 빠져 있는 수많은 환자를 살리고 치료하는 일이지. 나아가 줄기세포 치료는 국가 경제 발전에 큰 도움을 줄 첨단 산업 분야이기도 해.

낙태는 합법적으로 허용하는 게 좋아. 배 속 아기를 어떻게 할 것인지에 대한 결정권은 여성 본인에게 있어. 여성의 건강과 권리를 지키는 데에도 낙태는 도움이 돼.

줄기세포 치료 반대 팀

진아   현준   유림

줄기세포 치료법을 만병통치약처럼 여기는 건 섣부른 생각이야. 아직은 매우 위험하고, 해결해야 할 과제가 너무나 많아. 무엇보다 배아는 엄연한 생명체이기 때문에 줄기세포를 얻으려고 배아를 파괴하는 것은 사람을 죽이는 것과 똑같아. 또 배아를 얻기 위해 여성 난자를 대량으로 구하는 과정에서 여성의 몸과 건강, 인권이 심각하게 훼손되고 있어. 여성을 어떤 목적을 이루기 위한 도구나 수단으로 취급한 결과지. 이 모두 생명 윤리에 어긋나는 행위야.
낙태도 함부로 허용해서는 안 돼. 엄마 배 속의 태아 또한 배아와 마찬가지로 어엿한 생명인데, 낙태란 그런 생명을 죽이는 짓이니까 말이야.

'국민 영웅'에서 '사기꾼'으로 바뀐 과학자

지난 2004년에서 2005년에 걸쳐 우리나라에 온 세계가 주목한 과학자가 있었다. 그가 세계에서 최초로 엄청난 기술을 개발했기 때문이다. 사람의 체세포를 여성의 유전 물질을 제거한 난자와 결합시킨 뒤 여기에 전기 자극을 가해 배아를 만들어 내고(이것이 앞 장의 복제 양 돌리 이야기에서 배운 '복제'다), 이 인간 복제 배아에서 줄기세포라는 것을 뽑아낸 것이다. 이 기술이 놀라운 이유는 갖가지 불치병과 난치병을 치료할 수 있는 '마법의 열쇠'가 줄기세포에 있다고 여겨지기 때문이다. 자, 그렇다면 줄기세포란 뭘까?

모든 생명체는 아주 작은 세포로 이루어져 있다. 이를테면 사람 몸을 구성하는 세포는 무려 50조에서 100조 개에 이른다. 이들 세포는 정자와 난자가 만나서 만들어지는 수정란에서 생겨나 점차 신경 세포, 근육 세포, 혈액 세포 등으로 자라게 된다. 그러면서 저마다 고유한 기능과 특성을 지니게 된다. 이 과정을 '분화(分化)'라 하는데, 줄기세포란 바로 다른 세포로 분화할 수 있는 세포를 말한다. 그러니까 생명체의 다양한 조직이나 기관, 장기 등으로 분화할 능력을 갖춘 세포가 바로 줄기세포인 것이다. 나뭇가지에서 줄기가 갈라지듯 다른 세포로 분화할 수 있다고 해서 이런 이름이 붙었다.

줄기세포에는 여러 종류가 있지만, 가장 큰 관심을 모으는 건 '배아 줄기세포'라는 것이다. 배아란 수정이 이루어진 뒤 보통 7~9주일 정도까지 자란 생명체의 가장 초기 단계를 말한다. 여기서 특히 수정 후 4~5일 정도부터 배아 안쪽에서 만들어지는 세포들을 '배아 줄기세포'라고 한다. 이 배아 줄기세포가 중요한 까닭은 근육, 신경, 뇌, 뼈, 피부, 간, 혈액 등 사람 몸의 거의 모든 장기나 기관, 조직으로 분화할 수 있기 때문이다.

줄기세포 치료법의 비밀이 바로 여기에 있다. 다시 말해, 병에 걸렸거나 장애가 있는 장기, 조직, 기관 등에 배아 줄기세포를 집어넣으면 각각의 부위에 필요한 정상적인 세포가 자라나 치료가 된다는 것이다. 예를 들어 교통사고로 척수(사람 몸을 지탱하는 기둥인 척추, 곧 등뼈 안을 가로지르는 신경 다발을 가리키는 말)가 크게 망가져 다리를 못 쓰는 장애인이 되어도, 손상된 척수 부위에 줄기세포를 집어넣으면 척수가 되살아나 정상으로 돌아올 수 있다. 이런 식으로 몸의 어디든 문제가 생긴 부위의 세포를 정상적인 세포로 바꾸어 주는 것, 이것이 바로 줄기세포 치료법이 지닌 놀라운 마법이다. 그 과학자는 이런 배아 줄기세포를 다른 사람이 아닌 환자 자신의 체세포로 만들어 냈기 때문에 더욱 큰 주목을 받았다. 다른 사람한테서 나온 줄기세포는 환자 몸에 거부 반응을 일으켜 심각한 문제를 낳을 가능성이 높기 때문이다.

그리하여 그는 당시에 모든 장애를 없애고 난치병과 불치병을 치료해 줄 수 있는 '장애인의 구세주', '국민 영웅', '국보급 과학자' 등으로 불리며 폭발적인 열광과 환호를 받았다. 한국인 최초로 노벨상을 받으리라는 기대가 쏟아지는가 하면, 그가 개발한 기술이 '황금알을 낳는 거위'가 되어 국가 경제 발전의 일등공신이 되리라는 장밋빛 환상도 한껏 부풀어 올랐다.

그러나 불행하게도 그의 '업적'은 나중에 사기인 것으로 밝혀졌다. 그가 발표한 논문은 위조와 변조, 거짓으로 조작한 것이었고, 줄기세포를 만들었다는 증거도 없었다. 수많은 사람을 흥분의 도가니에 빠뜨렸던 그의 연구 작업은 어처구니없는 '사기극'에 지나지 않았다. '대한민국의 보물'로 칭송받았던 '위대한 과학자'가 하루아침에 과학의 얼굴에 먹칠을 한 '사기꾼'이자 전 세계의 조롱거리로 전락한 것이다. 그는 누구인가? 서울대 수의대 교수였던 황우석 씨가 바로 그 주인공이다.

더 공부해 오기

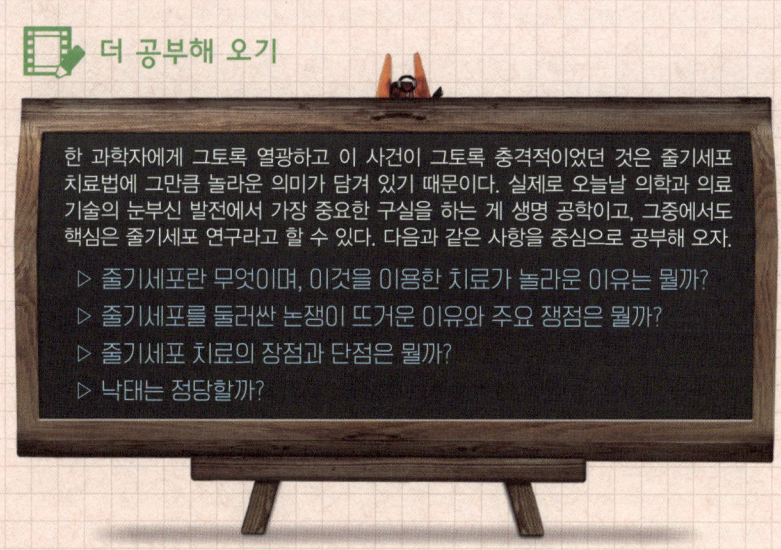

한 과학자에게 그토록 열광하고 이 사건이 그토록 충격적이었던 것은 줄기세포 치료법에 그만큼 놀라운 의미가 담겨 있기 때문이다. 실제로 오늘날 의학과 의료 기술의 눈부신 발전에서 가장 중요한 구실을 하는 게 생명 공학이고, 그중에서도 핵심은 줄기세포 연구라고 할 수 있다. 다음과 같은 사항을 중심으로 공부해 오자.

▷ 줄기세포란 무엇이며, 이것을 이용한 치료가 놀라운 이유는 뭘까?
▷ 줄기세포를 둘러싼 논쟁이 뜨거운 이유와 주요 쟁점은 뭘까?
▷ 줄기세포 치료의 장점과 단점은 뭘까?
▷ 낙태는 정당할까?

[줄기세포]
꿈의 치료법일까, 잘못된 환상일까?

배아는 생명체일까, 아닐까?

"자 여러분, 토론 준비는 다들 잘해 왔겠지?"

세 번째 토론 시간이 시작되었다. 지난 시간엔 선생님이 교실에 들어와서 분위기를 정리할 때까지 떠들고 노느라 어수선했는데, 오늘은 달랐다. 다들 미리부터 자리에 앉아서 준비해 온 자료를 훑어보거나, 서로 도란도란 의견을 주고받거나 하고 있다. 오늘 주제가 어려워서일까?

그런데 진아는 좀 다른 생각을 하고 있었다. '줄기세포'라는 토론 주제를 처음 접했을 때만 해도 준비하기가 아주 어려울 것이라고 지레짐작했었는데, 막상 준비하다 보니 꼭 그런 것만은 아니었다. 처음에 용어나 개념을 정확히 이해하는 게 어려웠지만, 그 단계를 지나니 생각보다 힘들진 않았다. 내용도 흥미로웠다.

이윽고 선생님이 토론 시작을 알렸다.

"오늘 주제는 알려 준 대로 줄기세포 치료에 대한 거야. 기본적인 내용은 미리 나눠 준 토론 자료에서 설명했으니, 오늘은 바로 찬반 토론을 시작해 볼까? 괜찮겠어?"

모두 "네."라고 대답한다. 이번엔 민철, 혜은, 정수가 줄기세포 치료 찬성 팀이고, 진아, 현준, 유림이 반대 팀이다. 첫 발언의 물꼬는 찬성 팀의 혜은이 텄다.

"오늘날 생명 공학의 발전은 인류의 행복과 삶의 질을 크게 높여 주고 있습니다. 특히 줄기세포 연구는 난치병과 장애로 고통받는 수많은 사람에게 큰 희망을 안겨 주고 있죠. 치매, 파킨슨병, 척수 손상, 당뇨병 등 현재로서는 고칠 수 없는 난치병 환자를 치료할 수 있는 비결이 줄기세포에 담겨 있으니까요. 화상을 입은 환자에게 이식할 새로운 피부도 만들 수 있고, 사고나 질병으로 신경을 심하게 다쳐도 다시 복구시킬 수 있습니다. 잘만 하면 장애인이 사라질 수도 있죠."

그러자 반대 팀에서도 시동을 건다. 첫 주자는 현준이다.

"지금 혜은이는 줄기세포가 마치 만병통치약이나 되는 것처럼 얘기하고 있는데요, 줄기세포를 그렇게 무턱대고 떠받드는 건 아주 위험하고 무책임한 환상입니다."

표현이 제법 거칠다. 아니나 다를까, 찬성 팀 쪽의 기색이 심상찮다. '위험하고 무책임한 환상'이라는 공격을 받았으니 약이 오르지 않을 리가 없다. 하지만 이제 막 토론을 시작한 참이어서 그런지 대놓고 불만을 터뜨리지는 않는다. 그런 분위기를 느낀 듯 진아가 얘기의 방향을 슬쩍 틀었다.

"물론 혜은이 얘기처럼 되기만 하면 좋겠죠. 하지만 그게 아니니까 문제인 겁니다. 먼저 지적할 것은 줄기세포 치료가 사람의 생명을 파괴한다는 점입니다."

진아의 발언으로 얘기의 흐름이 구체적인 쟁점에 대한 토론으로 바뀌

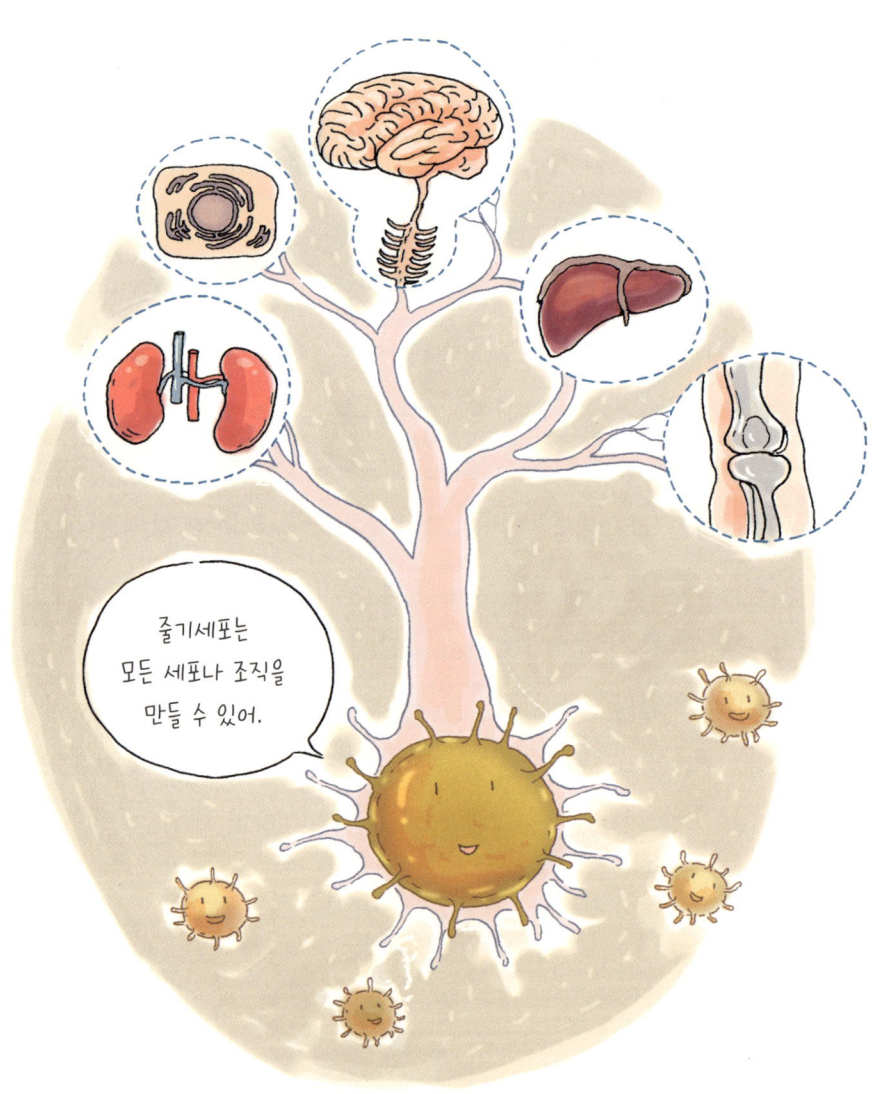

기 시작했다. 진아의 얘기가 이어졌다.

"새로운 치료법을 개발한다는 명분으로 배아에서 줄기세포를 뽑아내는 것은 생명을 망가뜨리는 행위입니다. 배아는 차차 자라서 나중에 아기로 태어나잖아요? 우리 모두 한때는 엄마 배 속에서 배아 상태였었죠. 배아는 곧 생명이고 인간입니다. 생명 공학자들은 수정 후 14일 이전까지의 배아는 그냥 세포 덩어리에 불과하다고 주장합니다. 하지만 생명이 탄생하는 과정은 본래 연속적입니다. 인간이 아니었다가 어느 특정 순간부터 갑자기 인간이 된다는 게 말이 돼요? 그래서 배아 줄기세포 치료법은 인간의 생명을 함부로 파괴하는 행위라고 할 수 있습니다."

"에이, 그건 뭘 몰라서 하는 말이에요. 수정 후 14일은 지나야 조직과 기관, 뇌 등이 형성되기 때문에 그 이전의 배아는 그냥 조그만 세포 덩어리일 뿐입니다. 이때의 배아는 무슨 고통을 느끼는 것도 아니고 의식이 있는 것도 아닙니다. 난치병 환자의 생명과 고통보다 한낱 세포 덩어리에 불과한 것을 더 소중히 여기는 게 옳은 일일까요?"

"그렇다면 혼수상태에 빠졌거나 의식을 잃은 사람을 죽이는 것도 괜찮습니까? 죽음이나 고통을 의식하지 못하는 사람을 죽이는 것과 건강하고 정상적인 사람을 죽이는 것이 다른 건가요? 그건 아니잖습니까? 어떤 사람이 큰 교통사고를 당해서 감각과 의식을 잃었다고 쳐 봐요. 그렇다고 해서 그 사람의 존엄성까지 사라지는 건 아니잖아요?"

"제가 어떤 자료를 보니까 여성 몸속의 수정란 중에 살아남아 아기가 되는 건 얼마 되지 않는다고 합니다. 자연적인 상태에서도 수정란이나 초

배아 논쟁은 시험관 아기에서 시작되었다

배아를 둘러싼 논쟁이 격렬해진 결정적 계기는 시험관 아기의 탄생이었다. 첫 시험관 아기는 1978년 영국에서 태어났다. 시험관 아기는 엄마와 아빠한테서 각각 난자와 정자를 인위적으로 뽑아내 시험관에서 수정을 시킨 뒤, 그렇게 만들어진 배아를 다시 엄마의 자궁으로 옮겨 아기로 키우는 것이다. 시험관 아기는 정상적인 방법으로는 자녀를 가지지 못하는 많은 불임 부부에게 새로운 희망의 길을 열어 주었다. 하지만 숱한 논란도 동시에 불러일으켰다.

시험관 아기를 얻기 위해서는 시험관에서 여러 개의 난자를 수정시켜야 하고 배아도 여러 개 만들어진다. 이때 사용하고 남은 배아를 어떻게 처리할 것인가 하는 대목에서 윤리적 문제가 발생하는 것이다. 또한, 자신의 자궁을 빌려 주고 아기를 대신 낳아 주는 '대리모' 문제, 정자나 난자의 기증 또는 매매 문제 등도 큰 논란을 낳았다. 여성 운동 쪽에서도 문제를 제기했다. 시험관 아기를 만드는 목적은 오로지 임신과 출산이다. 여성의 몸은 이 목적을 이루는 데 전적으로 맞추어져야 한다. 요컨대, 여성인 임산부가 자기 몸의 주체가 될 수 없고, 배아나 태아를 담는 그릇, 배아나 태아를 세상 바깥으로 내보내는 운반 도구 같은 것으로 여겨진다는 것이다.

기 배아의 75~80퍼센트는 저절로 죽어서 없어진다고 나와 있더라고요. 이처럼 엄마 배 속에서 대부분 그냥 없어지고 마는 수정란이나 배아를 살아 있는 인간과 똑같은 생명체로 여기는 건 지나치다고 생각합니다."

"배아가 자연적으로 죽는 것과 인위적인 조작으로 죽는 것을 같다고 생각하는 건 잘못이죠. 그런 식으로 얘기하면 일반 사람도 자연적으로 죽는 것과 살해당해서 죽는 것을 똑같은 것으로 봐야 합니다. 그건 말이 안 되잖아요?"

"그런데 지금 논란이 되는 배아는 엄마 배 속에 있는 게 아니잖아요? 줄기세포를 얻으려고 인공적으로 만드는 복제 배아는 사실 실험실 접시 같은 데만 존재하는 겁니다. 또 배아는 크기도 아주 작아서 눈에는 잘 보이지도 않는다고 합니다. 그냥 세포 덩어리인 거죠. 이런 배아를 꼭 인간으로, 살아 있는 생명체로 볼 필요가 있을까요?"

"바로 그게 문젭니다. 이전에는 수정란이든 14일이 지난 배아든 모두 엄마 배 속에 들어 있었고, 그 안에서 보호를 받았습니다. 그것들은 분명한 생명체로서 조작이나 실험의 대상이 될 수 없었죠. 그것들을 조작하려면 먼저 엄마인 여성의 몸을 조작해야 하는데 그런 행위는 사람에 대한 공격으로 여겨졌습니다. 결국 줄기세포 치료법이란 것 자체가 근본적으로 생명을 경시하고 인간의 존엄성이나 정체성을 파괴하는 기술이라는 겁니다."

"그건 너무 과장된 주장이고, 거꾸로 이렇게 생각해야 합니다. 설사 인간 배아에 손상을 좀 주더라도 그 결과로 수많은 환자를 살리고 치료할 수 있다면 그게 좋은 게 아닐까요? 최대한 많은 사람이 최대한 큰 행복을 누리는 게 가장 중요하니까요."

토론 초반부터 두 팀 사이의 공방에 불꽃이 튄다. 모든 친구가 빠짐없이 나서면서 치열한 논리 싸움을 펼치고 있다. 창이 찌르면 방패로 막고 그 방패를 다시 다른 창이 공격한다. 물고 물리는 막상막하의 대결이 흥미진진하다. 선생님이 마침내 입을 열었다.

여성에 대한 공격이다?

"대단한데? 다들 잘하고 있어. 음, 이 문제에 대해 어떤 사람들은 양쪽 주장을 섞어서 이렇게 정리하기도 해. '초기 배아를 인간과 똑같은 존재라고 보기는 어렵다. 하지만 배아를 이용해서 인위적으로 줄기세포를 만드는 것은 배아의 자연적인 발달 과정과는 너무 어긋나는 것이므로 아주 신중해야 한다.'라고 말이야. 자, 다음 쟁점으로 넘어가자. 이번엔 여성의 몸을 다루는 방식과 관련된 건데, 이에 대해서는 반대 팀 여학생 쪽에서 얘기할 것이 많을 것 같은데?"

"네, 제가 하겠습니다."

모범생답게 예의 바른 말투로 유림이 발언을 자청하고 나섰다.

"줄기세포를 만들려면 배아가 필요하고 배아를 얻으려면 여성의 난자가 반드시 있어야 하잖아요? 근데 난자를 구하는 것은 결코 쉬운 일이 아닙니다. 우선은 여성이 난자를 잘 만들도록 호르몬과 약물을 주사해야 하고, 난자를 빼낼 때에는 배를 열어서 수술해야 합니다. 긴 바늘 같은 주사기를 몸에 깊숙이 찔러 넣어서 난자를 뽑아내기도 하고요. 수술 부작용으로 갖가지 질병과 후유증에 시달릴 때가 많고 나중에 아기를 못 낳게 될 위험도 상당히 크다고 합니다."

유림이 여기까지 말하고선 진아 쪽으로 고개를 돌리면서 눈을 찡긋했다. 같이 준비한 게 있으니 나머지는 진아가 발표하라는 신호다.

"문제는 더 있습니다. 원하는 만큼 줄기세포를 얻으려면 아주 많은 난자가 필요한데, 난자를 구하는 과정에서 가난한 여성들이 돈을 받고 난자를 파는 일이 생길 가능성이 상당히 높다고 해요. 난자가 마치 상품처

럼 사고파는 대상이 될 위험이 크다는 거죠. 이건 여성의 몸과 건강, 그리고 인권을 크게 해치는 일입니다. 여성의 몸이 도구나 수단으로 취급된다는 거죠."

진아의 말이 끝나자 찬성 팀 쪽에서는 잠시 침묵이 흘렀다. 뭐라고 반박하기가 마땅찮은 것이다. 그러다 머리를 까딱까딱하며 생각을 가다듬던 민철이 좀 자신 없는 말투로 입을 열었다.

"음, 그렇다면…… 그런 부작용을 막을 장치를 엄격하게 만들면 되지 않을까요? 그리고 제가 알기엔 줄기세포 연구에 자발적으로 난자를 기증하는 경우도 많다고 하던데요?"

"기증 받는 것으론 모자라니까 문제죠. 그래서 줄기세포를 연구하는 과정에서 무리하게 난자를 구하려는 시도를 자꾸 하게 되는 거예요. 제가 자료를 보니까 황우석 사건 때도 엄청나게 많은 난자를 불법적으로 구한 게 아주 큰 문제가 되었더라고요."

유림이 즉각 반박했다. 그러자 이번엔 정수가 다른 반론을 제기했다.

"아니, 난자를 기증하든 사고팔든 자기 몸에 있는 걸 자기가 알아서 하는 거라면 그게 무슨 큰 문제가 됩니까?"

"그건 무책임한 말입니다. 자기 몸을 망가뜨리고 큰 고통을 감수하면서까지 자신의 난자를 팔려는 사람은 그럴 수밖에 없는 아주 절박한 처지에 몰려 있을 가능성이 높잖아요? 결국, 난자를 사고팔게 되면 실제 현실에서는 가난한 여성들이 집중적으로 피해를 보게 되는 거죠."

진아의 논리가 날카로워서일까, 찬성 팀에서는 별다른 반박이 나오지 않았다. 그때 선생님이 "그런데 여러분, 이것도 궁금하지 않아?"라며 짐짓 새로운 얘기를 꺼내기 시작했다. 토론의 흐름을 조절하려는 것이다.

줄기세포 연구는 어디까지 왔고 어디로 갈까?

"줄기세포 치료법으로 장애인이 사라진 세상을 만들 수도 있을 거라고 했는데, 그렇게 될 가능성은 얼마나 될까? 과연 그게 가능한 일인지, 지금은 어느 정도 수준에 이르렀는지가 궁금하다는 거지."

선생님 말씀이 끝나자마자 반대 팀의 현준이 기다렸다는 듯 어깨를 쭉 펴며 자신 있는 말투로 얘기를 시작했다.

"줄기세포 치료는 갈 길이 아주 멉니다. 배아 줄기세포를 만들었다고 해도 그것을 신경이든 근육이든 장기든 원하는 세포로 분화시키는 기술은 아직 개발되지 않았으니까요. 더구나 배아 줄기세포는 암으로 발전할 위험도 크고 원하지 않는 세포로 분화할 수도 있다고 합니다. 지금으로서는 아주 위험하다는 거죠. 그래서 배아 줄기세포는 직접적인 치료보다는 어떤 질병이 왜 생기는지를 밝히거나 새로운 약을 개발하는 용도로 쓰는 게 현실적이라는 지적이 높습니다."

"에이, 그렇게 소극적으로만 생각하면 곤란하죠. 현대 과학 기술의 눈부신 발전 속도를 한 번 보세요. 그런 한계는 머잖아 해결할 수 있을 거예요."

세계 여러 나라의 줄기세포 정책

줄기세포 치료와 관련한 정책은 나라마다 다르다. 미국은 줄기세포 연구를 금지하느냐 허용하느냐가 대통령이 누구냐에 따라 바뀌어 왔다. 미국에서 민간 기업들은 별다른 제한 없이 줄기세포 연구에 투자를 계속해 왔고, 실제로 줄기세포를 만들기도 했다. 미국에서 논란이 된 것은 국민 세금인 정부의 돈을 줄기세포 연구에 사용해도 되는가 하는 것이었다. 오바마가 대통령인 2013년에는 인간 배아를 사용하는 연구에 공적인 정부 자금을 썼다.

영국은 인간 배아 연구의 윤리적 지침을 제시하는 법을 처음으로 만든 나라다. 14일 이전의 배아는 연구에 사용할 수 있도록 하는 이 법에 따라 영국에서는 줄기세포를 얻기 위해 인간 배아를 비교적 자유롭게 사용하고 있다. 독일과 이탈리아는 연구 목적으로 배아를 만드는 행위를 금지하고 있다. 하지만 다른 나라에서 만들어진 배아를 수입할 수는 있다. 스위스, 오스트리아, 노르웨이, 아일랜드는 상당히 엄격하게 금지하고 있다. 1997년 유럽 의회에서는 '연구 목적으로 인간 배아를 생산하는 것을 금지한다.'는 협약을 채택했고, 2011년까지 유럽 47개 나라 가운데 절반 이상이 이런 내용을 자기 나라의 법이나 규정에 반영했다.

우리나라는 2002년 무렵부터 줄기세포 관련 산업을 국가 미래 산업의 하나로 정하고 국가적으로 대대적인 지원을 했다. 2005년 황우석 사태로 큰 타격을 받았으나, 이를 계기로 관련된 법을 정비해 가면서 줄기세포 연구를 계속 지원하고 있다. 우리나라 줄기세포 연구 수준은 대체로 세계 10위권 정도로 평가된다.

혜은이 이렇게 반론을 내놓자 민철도 가세했다.

"더구나 줄기세포 치료법은 막대한 경제적 부를 안겨 줄 수 있습니다."

"아 저기, 잠깐만요."

민철의 얘기에 끼어들어 제동을 건 것은 진아였다.

"아니, 지금 줄기세포 치료가 가능한지 어떤지를 짚어 보는 중인데 경제가 어쩌고저쩌고하는 다른 얘기가 끼어들면 어떡해요? 선생님, 안 그런가요?"

"하하, 진아 말이 맞긴 맞아. 음, 근데 이제 줄기세포에 대한 토론이 거의 끝나가니까 너무 경계를 짓지 말고 자유롭게 얘기를 풀어 가는 것도 괜찮을 것 같은데? 그런 뜻에서 우선 민철이 얘기를 마저 들어보자꾸나."

선생님이 이렇게 말하자 진아가 입을 약간 삐죽거렸다. 민철이 그런 진아를 흘낏 곁눈질로 쳐다보면서 다시 말을 이었다.

"네, 영국, 미국 같은 선진국을 비롯해 여러 나라들이 줄기세포 연구 경쟁을 뜨겁게 벌이는 이유가 뭐겠어요? 줄기세포 연구가 앞으로 경제 발전을 이끌 미래 첨단 산업 분야이기 때문이죠."

"더 큰 문제를 봐야죠. 그렇게 경제 논리만 앞세우다가 나중에 무슨 공장 같은 데서 배아를 대량 생산하게 될지 누가 알겠어요? 또한, 줄기세포 치료 혜택도 소수의 부유한 사람들만 누리게 될 가능성이 높습니다. 질병 치료에서마저 돈 많은 사람만 혜택을 받는 건 불공평한 일이에요."

진아가 꽤 단호한 말투로 자신의 견해를 밝혔다. 그러자 선생님이 논의를 정리하려는 듯 다시 끼어들었다.

"그래, 다른 문제도 그렇지만 이 논쟁의 바탕에는 서로 다른 가치관과 철학이 깔려 있어. 나라 차원에서도 그 나라의 문화, 전통, 윤리, 종교 등에 큰 영향을 받기 마련이고. 그래서 배아와 줄기세포 연구를 금지하는 나라도 있고 허용하는 나라도 있고 그래. 줄기세포 연구가 의료 기술 발전과 난치병 치료에 커다란 계기가 될 가능성은 얼마든지 있어. 하지만 그 과정에 여러 가지 심각한 위험 요소가 많은 것 또한 사실이야. 자, 이 정도로 정리하고 이제 다른……."

"저기요, 선생님……."

막 다른 논의로 넘어가려는데, 유림이 슬그머니 입을 열었다. 쭈뼛거리는 모습이 발언을 망설이는 눈치다. 그러다 결국은 어렵사리 입을 뗐다.

"여기서 개인적인 얘기를 해도 되는지 모르겠지만, 사실은 제 삼촌이 중증 장애인이에요. 휠체어가 없으면 어디 돌아다닐 엄두도 못 내시죠.

오래전에 큰 교통사고를 당했거든요. 그 삼촌이 토론 자료에 나온 황우석 교수가 한창 뜰 땐 진짜 기대가 컸어요. 그러다 나중에 사기극이라는 게 밝혀지면서 엄청나게 낙담하셨죠. 제가 하고 싶은 얘기는 이거예요. 오늘 제가 줄기세포 치료법을 반대하는 입장에서 토론했고 또 냉철하게 생각해 보면 이 입장이 맞는 것 같아요. 하지만 삼촌을 떠올리면 줄기세포 치료에 대한 미련을 버리기 어렵고, 조금이라도 빨리 치료법이 개발돼서 삼촌 같은 사람들이 혜택을 받았으면 하는 생각이 드는 건 사실이에요. 같은 반대 팀 친구들한테는 배신자가 되는 것 같아 미안하지만, 솔직한 제 얘기를 하고 싶었어요."

잠깐 정적이 흘렀다. 천천히 고개를 끄덕이는 친구도 있고, 안쓰러운 눈빛으로 유림을 바라보는 친구도 있다. 진아는 더운 듯 팔랑팔랑 손부채를 부쳤다. 선생님도 가벼운 한숨을 내쉬었다. 그러고선 다시 얘기를 계속했다.

낙태는 정당할까?

"그래, 유림이 입장에서는 그런 생각을 하는 게 당연하지. 사실 이 문제에는 경제 논리나 국익 논리, 과학 기술의 논리 같은 것들과 유림이 삼촌처럼 간절한 소망이 복잡하게 뒤얽혀 있어. 원론적인 얘기지만 결국 이런 다양한 측면을 종합적으로 잘 고려해야겠지. 자, 그럼 다음으로 토론할 주제는 낙태야. 배아를 생명체로 보느냐 마느냐 하는 것도 이 문제와 관계가 있지. 먼저 확인부터 하고 넘어가자. 낙태란 뭐지?"

바로 대답을 한 건 정수였다.

"엄마 배 속의 아기, 곧 태아가 중간에 죽어서 나오는 걸 유산이라고 합니다. 이걸 인위적으로, 그러니까 일부러 하는 것이 낙태입니다. 즉 배 속의 태아가 태어나지 못하도록 사전에 처리하는 걸 말하죠."

"그렇지. 낙태는 주로 수술로 이루어지는데, 낙태를 한 사람은 속이 메스껍거나 토하거나 피를 흘리거나 어지럽거나 배가 아픈 것과 같은 여러 가지 부작용을 겪을 수 있고, 자책감이나 상실감 같은 정신적인 고통을 겪기도 해. 자, 그런데 이런 낙태는 왜 하는 걸까?"

선생님의 질문이 이어졌고, 이번엔 혜은이 대답했다.

"여성이 원하지 않는 임신을 했을 때 낙태를 합니다. 아기를 낳아도 키우는 걸 도와줄 가족이나 배우자가 없을 때, 나이가 너무 어리거나 경제적으로 가난해서 아이를 키우기 힘들 때, 이미 자녀가 있어서 더는 아이를 낳고 싶은 마음이 없을 때 등이 여기에 해당하죠. 또 임신이나 출산이 엄마의 생명이나 건강에 나쁜 영향을 미칠 때, 태아가 진단 결과 기형아나 장애아로 판명 났을 때에도 낙태하는 경우가 더러 있고요."

"근데요 선생님, 할 얘기가 있는데요?"

혜은의 말이 끝나기를 기다리던 민철이 좀 다른 얘기를 불쑥 꺼냈다.

"저기, 제가 아직 어리고 남자라서 그런지 모르겠는데, 이런 주제로 토론하자니 어째 좀 어색한 것 같기도 하고 낯선 느낌이 들거든요. 무슨 말을 해야 할지 갈피를 잡기도 어렵고요. 그래서 꼭 이런 주제로 토론해야 하는지…….”

그러자 듣고 있던 현준도 동의한다는 뜻으로 고개를 끄덕였다.

"하하하, 무슨 말인지 잘 알겠어. 음, 하지만 이런 문제도 알아 두고 생각해 보는 게 좋아. 나한테 직접 일어날 일이 아니라고 해서 나와 아무런 관계가 없다고 여기거나 관심을 가지지 않는 건 현명한 일이 아니거든. 우리 토론반의 가장 큰 장점이 뭐겠어? 남들이 안 하는 공부나 생각을 앞장서서 하는 것 아니겠어? 다들 알겠지?”

그렇게 분위기를 다독이면서 선생님은 먼저 반대 주장부터 들어 보자고 했다. 그러자 준비해 온 자료를 살펴보던 진아가 얘기를 시작했다.

"네, 배아와 마찬가지로 태아도 어엿한 생명입니다. 자료를 보니까 가톨릭교에서는 낙태를 아예 살인이라고 규정하더군요. 또 제 생각에는 낙태를 허용하면 여성들이 너무 쉽게 낙태를 선택할 것 같습니다. 낙태를 원하지 않는데도 강요받을 수도 있고요."

"제 생각은 다릅니다.”

곧장 반론을 제기한 건 혜은이었다.

"태아는 물론 소중하죠. 하지만 여성한테 가장 중요한 권리는 자신의 몸과 삶을 스스로 결정할 권리입니다. 이 가운데 하나가 바로 낙태죠. 배 속의 아기를 어떻게 할 것인가에 대한 결정권은 일차적으로 엄마에게 있지 않을까요? 여성에게는 원하지 않는 임신의 결과를 거부할 권리가 있다는 거죠. 실제로 여성이 직장을 다니다가 임신하거나 아기를 낳으면 불이익을 당할 때가 많다고 하잖아요? 아기를 낳지 않고 일을 계속하겠다는 여성의 입장은 존중받아야죠."

"저도 한마디 하겠습니다."

정수가 끼어들었다.

"제가 읽은 자료를 보면, 위험을 무릅쓰고 불법으로 이루어지는 낙태 탓에 여성 건강이 큰 위협을 받고 있다고 합니다. 그 자료에는 세계에서 이루어지는 낙태의 절반 가까이가 불법이라고 되어 있더군요. 그리고 낙태를 합법적으로 할 수 없어서 가장 큰 고통을 겪는 사람들은 어린 나이에 임신을 하게 된 여성과 가난한 여성이라고 합니다. 이게 현실입니다. 그래서 여성을 위해서라도 낙태를 합법화하는 게 좋다고 생각합니다."

"네, 그리고 낙태를 금지하면 오히려 합법적이고 안전한 낙태가 불가능해져서 낙태에 더 큰 비용이 들게 되고, 수술이 잘못되어도 적절한 치료를 받기 힘들어집니다. 여성의 건강에 더 큰 위협이 된다는 거죠. 결국 낙태를 합법화해야 여성의 건강과 권리를 보호할 수 있는 거죠."

정수의 발언을 이어받은 건 다시 혜은이었다. 둘이서 죽이 척척 맞는다. 낙태 찬성 목소리가 드높다. 이제 반대하는 쪽이 나설 차례다.

"그런 주장은 태아의 생명을 너무 가볍게 여기는 거예요. 태아는 자신의 선택으로 생겨난 것도 아니고, 스스로 보호할 힘도 없습니다. 이런 연약하기 그지없는 존재의 권리를 우선으로 존중하는 게 마땅하다고 생각합니다."

친구들의 얘기를 쭉 듣고 있던 유림이 뒤늦게 말문을 열었다. 하지만 민철의 반박이 이어졌다.

"태아는 배아와 마찬가지로 그냥 세포 덩어리입니다. 엄마 몸에 있는 다른 세포와 마찬가지로 태아 역시 산소와 영양분을 전적으로 엄마에게 의존하는 일종의 세포라는 거죠. 그래서 태아는 독립된 인격체가 아니라 엄마 몸의 일부라고 할 수 있습니다. 엄마의 권리와 선택이 더 중요하다는 거죠. 그래서 여성이 자유롭게 낙태를 하지 말지를 선택할 수 있어야 한다고 생각합니다."

그러자 할 말이 별로 없는 듯 비스듬히 앉아서 듣고만 있던 현준이 주변 친구들을 둘러보면서 농담을 슬쩍 던졌다.

"아니, 민철이가 언제부터 저렇게 여자를 챙겼어? 정말 웃기지 않냐?"

그러자 교실에 왁자하게 웃음소리가 터졌다. 그런 소리를 뒤로하고 현준이 자세를 고쳐 앉으면서 선생님에게 질문했다.

"선생님, 근데 지금 얘기를 듣다 보니까 낙태와 관련한 우리나라 현실이 어떤지 궁금합니다."

"응, 우리나라 법은 낙태를 금지하고 있어. 낙태가 허용되는 경우는 유전적 장애나 전염성 질환이 있는 경우, 임산부의 건강을 해칠 우려가 있는 경우, 성폭행으로 임신했을 경우와 같이 몇 가지로 제한되어 있지. 기간도 임신 24주까지만 허용하고 있고. 하지만 실제 현실에서는 낙태가 아주 많이 벌어지고 있어. 낙태가 불법임에도 공공연하게 행해진다는 거지."

"아니 그럼, 법 따로 현실 따로인 거네요? 그래도 되는 거예요?"

"낙태가 그만큼 논란이 많은 사안이라 섣불리 어느 한쪽으로 결정하기가 힘든 거지. 지난 2012년에 헌법 재판소^{어떤 법률이 헌법에 맞는지 등을 심판하기 위해 설치된 특별 재판소}에서 낙태를 처벌하는 법을 심사한 적이 있는데, '태아의 생명 보호를 위해 임산부가 낙태할 권리를 제한해야 한다.'는 의견과 '여성의 자기 결정권을 존중해서 낙태를 허용할 필요가 있다.'는 의견이 팽팽하게 맞선 적이 있어."

"휴우, 그럼 외국은요?"

"나라마다 달라. 범죄로 규정하는 나라도 있고, 언제 어떤 상황에서 낙태해도 되는지 범위를 제한하는 나라도 있고, 규제를 거의 하지 않는 나라도 있지. 어떻든 수많은 여성이 낙태 수술을 하거나 임신이나 출산 과정에서 사망하는데, 이런 일 대부분이 낙태를 금지하거나 크게 제한하는 가난한 나라에서 일어난다는 건 부인할 수 없는 사실이야. 그러니까 낙태를 불법화하면 위험하고 나쁜 환경에서 낙태 수술을 해야 할 가능성이 높아지고, 어리거나 가난한 여성이라면 그에 따른 피해를 볼 가능성이 더욱 높아진다는 얘기지. 또 낙태를 금지하는 나라보다 적절한 수준에서 허용하는 나라의 낙태 건수가 오히려 더 적다는 통계가 있기도 해."

선생님과 현준 사이의 문답이 여기까지 이어지자 진아가 다시 한 번 자기 생각을 밝혔다.

"낙태를 줄이는 데 진짜로 도움이 된다면 낙태를 합법화할 수도 있겠죠. 하지만 태아를 무슨 물건처럼 아무렇게나 다루어도 되는 세포 덩어리로만 여기는 건 지나치다고 생각합니다."

"음, 이렇게 정리해 보자. 태아를 함부로 대하는 건 옳지 않고, 낙태

를 최대한 줄이는 게 중요하다는 데에는 모두 동의할 수 있을 거야, 그렇지? 그래서 중요한 것은 낙태가 마지막 수단이 되어야 한다는 거야. 그리고 그러려면 처음부터 원하지 않는 임신을 하지 않도록 각별히 조심해야겠지. 이런 얘기가 여러분들에겐 아직 실감으로 와 닿지 않을지 모르지만, 오늘 토론한 내용이 나중에라도 큰 도움이 될 거야."

이렇게 선생님의 마무리 발언으로 오늘 토론이 끝났다. 진아는 오늘 많은 것을 배운 느낌이다. 줄기세포 얘기도 낙태에 대한 토론도 두루 흥미로웠다. 뭐가 뭔지 좀 헷갈리기는 하지만, 앞으로 커 나갈수록 오늘 토론한 내용이 나름 중요한 도움이 되겠구나 하는 느낌도 들었다.

그나저나 토론이 끝났는데도 진아 머릿속을 계속 맴도는 생각이 있다. 유림의 삼촌 얘기다.

'아, 위험하고 비윤리적인 줄기세포 말고 장애와 난치병을 멋지게 치료할 '요술방망이'는 정말 없는 걸까?'

함께 정리해 보기
줄기세포 치료를 둘러싼 쟁점

줄기세포 치료를 찬성한다	논쟁이 되는 문제	줄기세포 치료를 반대한다
수정 후 14일 정도까지의 배아는 조그만 세포 덩어리일 뿐이다.	배아는 생명체인가?	생명 탄생 과정은 연속적이므로 어느 시점의 배아든 엄연한 생명체다.
자발적인 기증으로 난자를 구하면 되므로 큰 문제는 없다.	여성의 난자를 구하는 과정에 문제는 없는가?	여성의 몸과 건강, 인권을 심각하게 파괴한다.
아직 완벽하지는 않지만, 급속도로 기술이 발전하고 있으므로 머잖아 난치병과 장애를 치료할 수 있을 것이다.	줄기세포 치료의 효과는 얼마나 될까?	아직 필요한 기술이 개발되지 않았고, 암을 일으키거나 원하지 않는 세포로 분화할 가능성이 높아 아주 위험하다.
경제 발전을 이끌고 국가 경쟁력을 높일 첨단 산업 분야다.	줄기세포 치료법과 경제 발전의 관계는?	생명 윤리를 파괴하는 기술로 경제 성장을 꾀하는 건 바람직하지 않다.
태아를 어떻게 할지에 대한 결정권은 여성에게 있고, 여성의 건강과 인권을 위해서도 낙태는 허용되어야 한다.	낙태는 정당한가?	낙태는 생명체인 태아를 죽이는 행위이므로 허용해선 안 된다.

4장 [장기 이식]

환자에게 기쁜 소식일까, 위험한 모험일까?

신장, 간, 심장, 폐 같은 중요한 장기가 제 기능을 못 해서 큰 고통에 시달리거나 심지어는 죽어 가는 사람이 많아. 그래서 장기 이식이 필요해지게 되는데, 문제는 필요한 장기에 비해 공급되는 장기가 턱없이 부족하다는 점이지. 동물 장기나 인공 장기를 만들려는 시도가 계속되는 것도 이 때문이야.

여기서 쟁점은 사람 사이의 장기 이식에 문제는 없는지, 장기 매매는 허용해도 되는지, 동물 장기나 인공 장기를 개발해서 사람에게 이식할 때 문제는 없는지 등이야. 또한, 심장은 살아 있지만 뇌 기능은 멈춘 뇌사자의 장기를 이식하는 경우도 많은데, 뇌사를 진짜 죽음으로 인정할 수 있는지를 둘러싸고도 논쟁이 끊이지 않고 있어.

장기 이식 찬성 팀

진아 현준 유림

장기 기증은 장기가 망가져 고통받고 죽어 가는 사람을 위한 희생이자 헌신이야. 용기 있는 선행이라는 거지. 장기 매매도 허용하는 게 좋지 않을까? 장기를 파는 쪽은 돈을 벌어서 좋고, 사는 쪽은 필요한 장기를 손쉽게 구할 수 있으니 모두에게 도움이 되잖아?

장기 부족의 가장 확실한 해결책은 동물 장기 개발이야. 사람 몸에 안전한 장기를 제공할 수 있는 동물을 대량으로 키우면 된다는 거지. 인공 장기도 더욱 적극적으로 개발해야 해. 그러면 병을 고칠 뿐만 아니라 사람의 능력이나 신체 기능도 원하는 대로 향상할 수 있을 거야.

장기 이식 반대 팀

민철 혜은 정수

장기 기증은 물론 필요하지만, 가족에 대한 사랑이나 책임감 같은 것만 앞세우기보다는 신중하고 합리적으로 결정하는 게 좋아. 장기 매매는 허용해선 안 돼. 사람 몸을 물건처럼 사고파는 건 인간의 존엄성과 생명권을 해치는 일이고, 부자들만 혜택을 독점할 위험이 크기 때문이지.

동물 장기는 사람에게 거부 반응을 일으키고 전염병을 옮길 수도 있기 때문에 아주 위험해. 인공 장기는 질병 치료같이 꼭 필요할 경우에는 사용해야겠지만, 사람의 능력이나 신체 기능을 인위적으로 높이기 위해 무분별하게 사용하는 건 옳지 않아. 열심히 노력하는 것의 가치가 사라지니까 말이야.

사형수를 장기 이식에 사용하는 나라

　2012년 12월 6일, 중국의 수도 베이징에서 일하는 어느 변호사가 인터넷 블로그에 글을 올렸다. '오늘 아침 끔찍한 사형이 집행됐다.'는 문장으로 시작된 그 글은 인터넷을 통해 순식간에 퍼져나갔다. 며칠 전 중국 최고 법원이 아랫 단계 재판에서 사형 선고를 받은 한 죄수의 사건을 다시 조사해야 한다고 결정했음에도 이날 사형이 집행된 것이다. 사형 집행은 최고 법원의 결정에 따라 당연히 미뤄져야 했다. 왜 이런 일이 벌어졌을까? 알고 보니 그 죄수의 장기를 이식받을 사람이 있었고, 병원에서는 되도록 싱싱한 상태에서 장기를 떼어 내야 해서 사형 집행을 늦추지 않은 것이다. 사형이 대형 종합 병원에서 집행된 것도 이와 관련이 있다. 그 변호사는 '부도덕한 판사와 의사들이 병원을 사형장으로 전락시킨 것도 모자라 장기 매매 시장으로 만들었다.'고 썼다.

　이런 일이 드문 일일까? 아니다. 중국은 세계에서 미국 다음으로 장기 이식을 많이 하는 나라다. 그런데 한 중국인 의사가 발표한 논문에 따르면, 중국에서 장기 이식 수술에 사용된 장기의 60퍼센트 정도가 사형수 몸에서 나온 것이라고 한다. 중국에선 한 해에 4천 명 정도가 사형을 당하는데 일종의 '맞춤형 사형'이 집행되기도 한다. 예를 들어, 장기 이식을 받을 돈 많은 외국인 환자의 건강 상태, 혈액형, 몸의 조직 유형 등에 맞추어 사형수를 고른 뒤 환자가 중국에 머무는 동안 사형을 마음대로 집행한다는 것이다. '주문에 맞춘 살인'인 셈이다. 이 덕분에 보통의 경우라면 장기 이식을 받기 위해 몇 달이고 기다려야 하지만 중국에서는 2~3주면 가능하고, 가끔은 며칠 정도로 짧아지는 경우도 있다고 한다.

　중국 정부는 2007년에 공식적으로 장기 매매를 금지했다. 국제적으로 비난 여론이 빗발쳤기 때문이다. 하지만 장기 이식을 받으려는 외국인 환자의 발걸음은 여전히 끊이지 않고 있다. 또 사형수의 장기를 빼내는 것까지 금지한 것은 아니다. 불법적인 장기매매와 사형수 장기 이식을 정부가 눈감아 주고 있는 것이다. 심지어는 사형수가 아닌 죄수들, 그중에서도 정부의 박해를 받는 양심수_{윤리적·사상적·정치적 신념에 의해 감옥에 갇힌 사람}들이 장기 이식을 위해 사형에 처해지는 경우가 종종 있다는 이야기마저 나오고 있다.

사형수나 죄수의 장기를 빼내는 행위는 전 세계적으로 금지돼 있다. 장기 이식은 기증하는 사람의 자발적인 의사가 반드시 전제돼야 하는데, 죄수들에겐 그런 자유로운 결정권이 없다고 봐야 하기 때문이다. 중국의 이런 현실은 가장 끔찍하고 엽기적인 장기 이식 사례라 할 만하다.

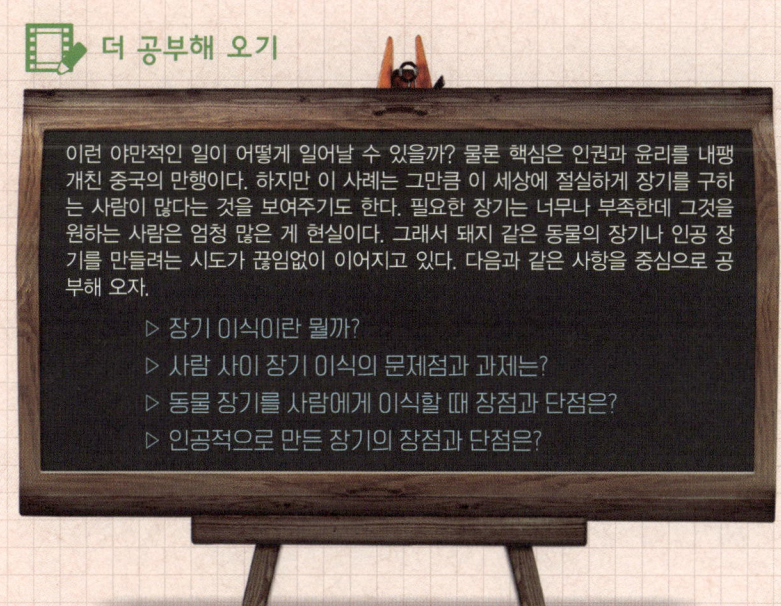

▷ 더 공부해 오기

이런 야만적인 일이 어떻게 일어날 수 있을까? 물론 핵심은 인권과 윤리를 내팽개친 중국의 만행이다. 하지만 이 사례는 그만큼 이 세상에 절실하게 장기를 구하는 사람이 많다는 것을 보여주기도 한다. 필요한 장기는 너무나 부족한데 그것을 원하는 사람은 엄청 많은 게 현실이다. 그래서 돼지 같은 동물의 장기나 인공 장기를 만들려는 시도가 끊임없이 이어지고 있다. 다음과 같은 사항을 중심으로 공부해 오자.

▷ 장기 이식이란 뭘까?
▷ 사람 사이 장기 이식의 문제점과 과제는?
▷ 동물 장기를 사람에게 이식할 때 장점과 단점은?
▷ 인공적으로 만든 장기의 장점과 단점은?

[장기 이식]
환자에게 기쁜 소식일까, 위험한 모험일까?

장기 이식은 무조건 좋은 걸까?

진아는 토론 자료를 읽으면서 깜짝 놀랐다. 무섭기도 했다. '어떻게 저런 일이 벌어질 수 있지?' 하는 충격이 뒤통수를 때렸고, 그다음에는 '아니, 저렇게 나쁜 사람들이 있다니······.' 하는 분노가 치밀었다.

그러다 얼핏 엄마의 친구 얘기가 떠올랐다. 토론반 얘기를 나누다 다음번 주제가 장기 이식이라고 하니까 엄마가 들려주신 얘기다. 엄마 친구 중에도 장기 이식을 받은 사람이 있었다. 그분은 신장이 제 기능을 못해 평소 정상적인 생활을 하기가 힘들었는데, 상태가 갈수록 나빠지면서 결국은 친동생한테서 신장을 이식 받았다는 것이다. 그런 얘기를 들려주면서 엄마는 마지막에 이런 말을 덧붙였다.

"아무리 친동생이라지만 자기 몸의 일부를 떼어 내 언니에게 준다는 게 쉬운 일이겠어? 정말 대단한 일이야. 그리고 엄마 친구도 죽지 않기 위해 어쩔 수 없이 이식을 받았다지만 마음이 얼마나 아프고 괴롭겠어? 동생한테 평생 갚지 못할 엄청난 빚을 졌으니 말이야. 수술하는 날 펑펑 울었대. 둘 다 정말 안쓰러워."

마침 오늘은 장기 이식을 주제로 토론하는 날. 진아는 토론을 앞두고 잠시 엄마 얘기를 떠올리고 있었다. 그러면서 이렇게 생각했다.
'그래, 장기 이식은 중국만이 아니라 바로 우리 옆에서도 벌어지고 있는 현실이야. 그런 만큼 이번 기회에 장기 이식에 관해 확실히 알아 두어야겠어.'

토론의 앞부분에서는 우선 장기 이식이 무엇이며 어떻게 이루어지는지에 관한 기본적인 사항들을 확인했다. 간략하게 정리하면 다음과 같다.

장기 이식이란 신장, 간, 심장, 폐 같은 신체의 조직이나 장기를 다른 사람에게 이식하는 것을 말한다. '이식(移植)'이란 옮겨서 붙이거나 심는다는 뜻이다. 이식하는 장기에는 사람 장기뿐만 아니라 동물 장기와 인공적으로 만든 장기도 포함된다. 살아 있는 사람이 장기 이식을 할 경우에는 생명에 지장이 없는 신장, 간, 골수 등을 이식한다. 심장, 폐, 각막 등은 보통 뇌사 판정을 받은 사람한테서 떼어 내 이식한다.

'뇌사(腦死)'란 말 그대로 뇌가 죽은 것을 말한다. 일반적으로 갑자기 사고를 당해서 뇌가 돌이킬 수 없는 손상을 입은 경우를 가리킨다. 전체 사망자의 1퍼센트 정도를 차지한다. 뇌사가 일어나는 가장 큰 원인은 교통사고다. 장기 이식의 필요성 때문에 뇌사를 죽음으로 인정하는 흐름이지만, 뇌사한 사람을 과연 완전히 죽은 사람으로 볼 수 있는지를 둘러싸고 논쟁이 벌어지곤 한다.

 사람 장기를 이식하는 것은 오늘날 그다지 특별할 것 없는 수술로 굳어져 가고 있다. 거부 반응이 골칫거리였지만 1960년대 이후 이를 해결할 약품들이 속속 개발되면서 지금은 큰 문제가 되지 않는다. 가장 큰 어려움은 장기를 필요로 하는 사람은 많은 데 반해 제공되는 장기는 턱없이 모자란다는 점이다. 장기 기증자, 즉 장기를 제공하려는 사람이 많지

뇌사를 둘러싼 논란

전통적으로 '죽음'이란 심장이 멎고 호흡이 멈추는 것이었다. 이런 죽음의 개념을 다시 고민하게 만든 계기가 심장 이식 수술의 성공이다. 심장은 사람이 살아 있을 때 떼어 내야만 이식에 쓸 수 있다. 그런데 살아 있는 사람에게서 심장을 떼어 내는 것은 살인과 다를 바가 없어서 심장이 멎은 것이 아닌 다른 죽음의 개념이 필요해졌다. 뇌 기능이 돌이킬 수 없이 완전하게 멈춘 상태를 뜻하는 뇌사의 개념은 이렇게 태어났다.

사람 몸은 뇌가 기능을 멈추어도 며칠 정도는 심장이 뛸 수 있으며, 인공호흡기로 강제 호흡을 시키면 숨도 쉴 수 있다. 물론 뇌사 뒤 대개 열흘에서 2주 정도 지나면 거의 모든 뇌사자는 필연적으로 심장도 멎고, 인공호흡기를 제거하면 3~10분 안에 죽는다. 하지만 뇌사 상태에서도 여전히 숨을 쉬고 심장이 뛰기 때문에 차마 죽었다고 받아들이기 어려울 수도 있다. 그래서 뇌사는 의사 등 전문가의 엄격한 판정을 거쳐야 한다.

뇌사 반대자들은 뇌사는 부분적으로만 죽은 것이며, 죽음에 이르는 전체 과정에서 마지막에 가까운 하나의 단계일 뿐이라고 주장한다. 또 뇌사 판정이 완벽하게 정확할 수 없다는 반론도 있다. 하지만 뇌사를 죽음의 한 기준으로 인정하는 목소리가 힘을 얻고 있는 건 사실이다. 비단 장기 기증을 위해서가 아니더라도, 비싼 의료비가 필요 이상으로 너무 많이 들고 죽음을 앞둔 당사자와 가족이 겪는 엄청난 고통을 줄이는 차원에서도 뇌사를 인정해야 한다는 주장이 커지고 있는 것이다. 그래서 대부분의 나라에서 뇌사는 죽음으로 인정된다. 우리나라에서는 장기 기증을 전제로 하는 경우에만 뇌사가 죽음으로 인정받을 수 있다.

않기 때문이다. 그래서 자기한테 장기가 제공될 순서를 애타게 기다리다가 죽음을 맞이하는 사람도 적지 않다. 동물 장기 이식 기술과 인공 장기를 개발하려는 노력이 계속되는 이유가 여기에 있다.

이렇게 장기 이식과 관련된 기초 지식을 확인한 뒤 선생님은 먼저 "장기 이식은 장기가 망가진 사람들의 고통을 줄여 주고 죽어 가는 사람을 살리기도 하는 아주 좋은 일일 것 같은데 자꾸 논란이 되는 이유는 뭘까?"라고 물었다. 그에 따라 첫 발언에 나선 건 엄마 얘기를 떠올리고 있던 진아였다.

"유명한 고전인 심청전을 보면, 심청이는 앞을 못 보는 아버지를 위해 공양미 300석에 자기 몸을 팔아 인당수에 제물로 바쳐지잖아요? 이런 걸 보면 전통적으로 가장 큰 효도로 여겨지는 것은 부모님을 위해 몸을 바치는 게 아닌가 싶어요. 예를 들어 어떤 청소년이 병든 부모님을 위해 자신의 장기를 떼어 내 바치는 이야기가 나오면 크게 칭찬을 받잖아요? 아주 용기 있는 선행이라고 말이죠. 제 생각에도 그런 것 같아요."

"하지만 좀 더 냉철하게 들여다볼 필요도 있습니다."

혜은이었다. 냉철하게 들여다본다니, 뭔가 단단히 생각해 온 게 있는 모양이다.

"제 생각에는 부모님이나 형제자매가 장기 이식을 받지 않으면 생명이 위태로울 경우 장기를 기증하지 않을 도리가 없을 것 같습니다. 만약 장기를 기증하지 않았는데 부모님이 돌아가시기라도 하면 주변의 비난이나 따가운 시선을 평생 짊어져야 할 수도 있잖아요? 장기를 이식해도 아무 소용이 없거나, 이식 과정에서 큰 위험이 예상될 땐 하지 않는 게 더 현명한 일일 수도 있는데, 현실에서는 이런 무리한 장기 이식이 있을 수 있다는 거죠."

"바로 그래서 장기를 기증하는 사람은 가족에 대한 사랑이나 정, 의무감

> **'충분한 정보에 따른 동의(informed consent)'란?**
>
> '사전 고지에 의한 동의' 혹은 '고지 후 동의'라고도 한다. '고지(告知)'란 뭔가를 알리는 것을 말한다. 의료 치료를 받거나 의학 연구에 참여할 때 그것에 관련된 모든 정보에 대한 설명을 충분히 듣고 이해한 다음 아무런 압력이 없는 상태에서 순수하게 자신의 자발적 의지에 따라 치료를 받거나 연구 대상이 되는 데 동의해야 함을 말한다. 가장 중요한 세 가지 요소는 충분한 정보, 듣는 사람의 확실한 이해, 완전히 자발적인 동의다. 여기서 말하는 정보에는 치료나 수술의 방법과 정도, 미래에 생길 수도 있는 부작용이나 후유증 등이 모두 포함된다. 이것은 장기 이식, 유전자 검사 등을 비롯해 모든 의료 관련 분야에서 반드시 지켜야 할 기본 원칙으로 꼽힌다.

이나 책임감 같은 것만 앞세우기보다는 장기 이식 수술에 대한 모든 정보를 충분히 이해하고 난 뒤 신중하고 합리적으로 결정해야 하지 않을까요? 제가 자료를 보니까 이런 걸 '충분한 정보에 따른 동의'라고 하더군요."

혜은의 얘기를 민철이 이어받았다. 그러자 같은 팀의 정수까지 나섰다.

"살아 있는 사람이 아닌 뇌사자의 장기 기증이 많이 늘어나는 게 중요한 이유가 바로 그 때문이죠. 우리나라의 뇌사자 장기 기증 비율은 고작 10퍼센트로, 세계에서 가장 낮은 편이라고 합니다. 80, 90퍼센트가 넘는 나라도 있다는데 말이에요."

진아는 조금 놀랐다. 듣고 보니 일리가 있는 것이다. 진아는 장기 이식이란 걸 단순하게 일종의 희생과 헌신으로 여겼고, 그래서 막연히 좋은 쪽으로만 생각하고 있었다. 딱히 뭐라고 반박할 얘기가 떠오르지 않았다. 진아와 비슷한 생각이 들었는지, 같은 팀의 현준과 유림도 나설 기미를 보이지 않는다. 그러자 선생님이 한마디 하셨다.

"그래, 그런 이유로 일반적으로 정상적이고 이성적인 판단을 하기 어려운 미성년자나 정신 질환자, 그리고 자발적으로 의사를 표시하기 힘든 전쟁 포로나 교도소에 갇혀 있는 죄수 같은 사람들은 장기 기증자에서 제외하고 있어."

장기 매매의 문제점은 뭘까?

그때 현준이 문득 이런 질문을 던졌다.

"선생님, 장기 부족이 큰 문제라면 장기를 기증하는 사람에게 돈으로 보상해 주는 방법을 쓰면 안 되나요? 그러면 장기 기증이 많이 늘어날 테니까요."

유림도 덩달아 입을 열었다.

"거기서 더 나아가 아예 장기를 사고팔 수 있도록 허용하면 어떨까요? 그러면 가난한 사람들은 자신의 장기를 팔아서 돈을 벌 수 있어서 좋고, 장기가 필요한 사람들은 장기를 더 쉽게 구할 수 있어서 좋지 않겠어요? 양쪽 다 이득인 거죠."

"어휴, 무슨 말도 안 되는 소리를 해요?"

선생님이 무슨 말을 막 하려는 참인데, 민철이 그만 얘기를 먼저 시작했다. 그리고 그 얘기에 대뜸 큰 목소리로 대꾸한 건 현준이었다.

"아니, 왜 말도 안 돼요? 그런 생각을 할 수도 있는 것 아니에요?"

"아니, 사람의 몸을 사고팔다니, 그건 인간의 존엄성과 인권, 생명권을 해치는 짓이죠. 사람의 몸이 무슨 값을 매겨서 파는 상품이에요? 그리고 장기 매매를 허용하면 장기를 팔겠다고 나서는 사람은 가난한 사람들이지 않겠어요? 다른 것도 아니고 자기 몸의 일부를 떼어 내 판다고 상상해 보세요. 그게 사람이 할 짓이에요?"

평소 유쾌하게 잘 웃는 스타일의 민철이 조금 흥분한 분위기다. 목소리도 높고 말투도 꽤 거칠었다. 그런 기세에 눌렸는지, 현준은 얼굴만 실룩거릴 뿐 뭐라고 대꾸하진 않는다. 그때 정수가 한술 더 떴다.

"뿐만 아니라 장기를 물건처럼 사고팔게 되면 돈 많은 부자들이 그 혜택을 독차지할 가능성이 아주 높습니다. 장기 이식에 드는 비용을 국가가 공적으로 부담하면 몰라도 말이죠. 또 장기 매매 과정에서 강요나 협박이나 조작 같은 일도 얼마든지 벌어질 수 있죠. 장기가 돈벌이 수단이 되면 범죄에 악용될 수도 있고요. 토론 자료의 중국 사례에서 보듯이 가난한 나라 사람들이 부자 나라 사람들의 장기 공급처가 될 가능성도 높고요."

찬성 팀 쪽은 일제히 '침묵 모드'다. 진아는 겉으로 티는 못 낸 채 또 속으로 고개를 끄덕끄덕했다. 비록 상대 팀의 주장이지만 타당하게 여겨졌기 때문이다.

"자, 이쯤에서 교통정리를 한 번 하고 넘어가자."

토론 흐름이 약간 한쪽으로 기우는 모양새가 되자 선생님이 조정에 나섰다.

"살아 있는 사람의 장기 이식은 물론 착하고 장한 일이야. 사회적으로도 소중한 일이고. 하지만 그 의미를 제대로 살리기 위해서라도 신중하고 조심스러운 접근이 필요하지. 그리고 장기 매매는 여러 친구들이 말했듯이 심각한 문제를 많이 안고 있어. 그러니 결국 가장 중요한 과제는 뇌사자의 장기 기증을 늘리는 거야. 정수가 얘기했듯이 우리나라는 뇌사자 장기 기증 비율이 부끄러울 정도로 너무 낮거든."

"선생님, 우리나라가 유독 그런 이유는 뭔가요?"

진아가 때마침 질문했다. 사실 진아는 아까부터 이 점이 계속 궁금하던 터였다.

"글쎄, 가장 큰 이유는 아무래도 죽은 사람의 몸을 함부로 훼손해서는 안 된다는 고정 관념 때문이 아닐까? 하지만 그런 생각은 이제 좀 바뀔 때도 됐다고 생각해. 그리고 우리나라에서는 뇌사자 본인이 죽기 전에 장기 기증을 하겠다고 해도 나중에 가족이 거부하면 기증이 안 돼. 이런 것도 좀 바뀌었으면 좋겠다는 게 선생님 개인 생각이야. 자 그럼, 이제부턴 동물 장기를 사람에게 이식하는 문제에 관해 토론해 보자. 여기에 대해선 누가……."

"네, 제가 먼저 얘기하겠습니다."

유림이 선생님 말을 휙 낚아채기라도 하듯 서둘러 발언을 자청했다. 얌전한 모범생 스타일인 유림이 이렇게 하는 걸 보면, 좀 전에 자기 팀이 토론에서 밀린 게 자존심이 상했던 모양이다.

"장기 부족을 해결할 가장 좋은 해결책이 바로 동물 장기 개발입니다. 인구도 늘고 특히 장기 이식을 필요로 하는 노인분들이 크게 늘고 있어서 장기는 앞으로 더욱더 부족해질 거라고 합니다. 사람에게 장기를 제공할 수 있는 동물을 대량으로 키울 수만 있다면 이런 문제를 한 방에 해결할 수 있죠."

"근데 동물도 종류가 엄청 많잖아요? 대체 어떤 동물의 장기를 이용한다는 말이죠?"

민철의 질문이다.

"돼지가 가장 유력한 후보라고 해요. 여러 가지 측면에서 사람의 장기

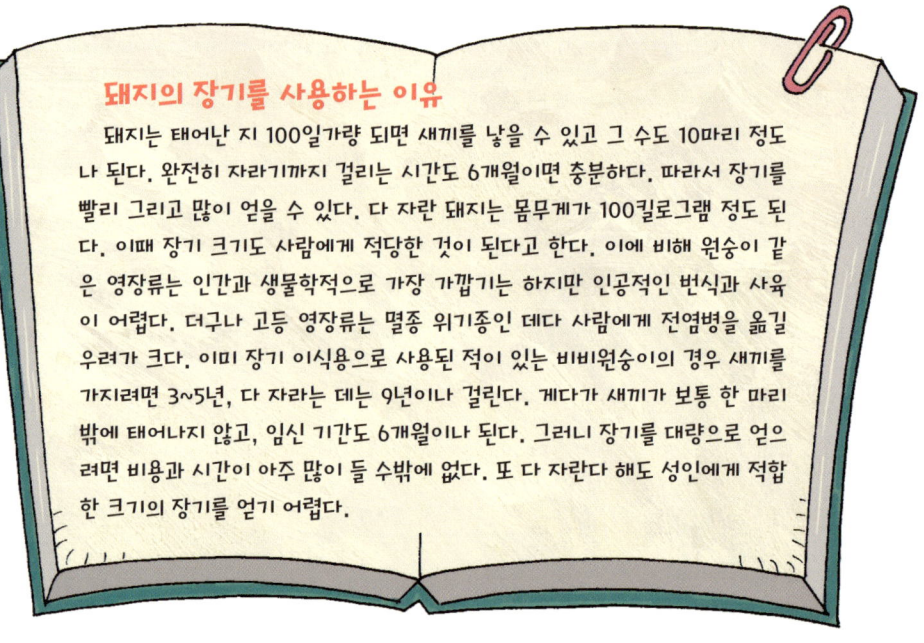

돼지의 장기를 사용하는 이유

돼지는 태어난 지 100일가량 되면 새끼를 낳을 수 있고 그 수도 10마리 정도나 된다. 완전히 자라기까지 걸리는 시간도 6개월이면 충분하다. 따라서 장기를 빨리 그리고 많이 얻을 수 있다. 다 자란 돼지는 몸무게가 100킬로그램 정도 된다. 이때 장기 크기도 사람에게 적당한 것이 된다고 한다. 이에 비해 원숭이 같은 영장류는 인간과 생물학적으로 가장 가깝기는 하지만 인공적인 번식과 사육이 어렵다. 더구나 고등 영장류는 멸종 위기종인 데다 사람에게 전염병을 옮길 우려가 크다. 이미 장기 이식용으로 사용된 적이 있는 비비원숭이의 경우 새끼를 가지려면 3~5년, 다 자라는 데는 9년이나 걸린다. 게다가 새끼가 보통 한 마리밖에 태어나지 않고, 임신 기간도 6개월이나 된다. 그러니 장기를 대량으로 얻으려면 비용과 시간이 아주 많이 들 수밖에 없다. 또 다 자란다 해도 성인에게 적합한 크기의 장기를 얻기 어렵다.

를 대체하기에 가장 적절하다고 합니다."

"그러니까 지금 얘기는 돼지의 심장을 꺼내서 사람 몸속에 집어넣는다는 거잖아요?"

"그렇죠."

"흐으, 너무 징그럽지 않아요? 같은 사람 것이라면 몰라도 돼지의 장기를 어떻게……."

"물론 그렇게 느껴질 수도 있겠죠. 하지만 장기가 제 기능을 못 해서 엄청난 고통에 시달리거나 죽어 가는 사람 입장에서는 동물 장기라도 개발만 된다면 크게 환영하지 않겠어요?"

이렇게 유림과 민철 사이에 주거니 받거니 얘기가 오가는 중에 정수가 새로운 문제를 꺼냈다.

"근데 앞에서 동물 복제 문제를 토론할 때도 얘기가 나왔듯이 돼지 장기를 사람한테 이식하면 거부 반응을 일으킬 가능성이 아주 높습니다. 매우 위험하다는 거죠."

"그 문제는 사람 몸에 적합하고 거부 반응을 일으키지 않도록 돼지를 유전자 조작하면 해결할 수 있습니다. 그리고 그런 돼지를 대량으로 복제하면 수많은 사람이 혜택을 받을 수 있죠."

동물 장기의 필요성과 위험 사이에서

　진아가 이렇게 대답하자 이번엔 혜은이 또 다른 쟁점을 내놓았다.

"그게 과연 가능할지도 의심스럽지만, 동물이 사람에게 무서운 전염병을 옮길 수도 있습니다. 위험한 일이 한두 가지가 아니에요."

"그뿐만 아니라 그런 동물 전염병이 장기 이식 환자를 통해 널리 퍼지거나, 아직 알려지지 않은 새로운 전염병이라도 발생한다면 이건 정말 재앙입니다. 제가 잘은 모르지만 구제역이나 조류 인플루엔자 같은 동물 전염병 탓에 온 나라가 난리법석을 피우는 걸 뉴스에서 본 적이 있습니다."

　이번에도 반대 팀의 공세가 거세다. 하지만 또 밀릴 순 없다. 진아가 반박할 논리를 궁리하느라 잠깐 숨을 고르는 사이에 같은 팀의 현준이 서둘러 방어에 나섰다.

"그런 걱정은 지나친 겁니다. 사람과 돼지가 함께 살아온 세월이 수천 년은 넘습니다. 그래서 돼지가 일으키는 병은 대부분 알려졌습니다. 충분히 대처할 수 있다는 거죠."

"맞습니다. 그리고 장기 이식용 돼지는 따로 격리해 균 같은 게 없는 특수 사육 시설에서 철저하게 관리하면서 안전하게 키우면 됩니다."

현준에 이어 진아도 반론을 제기했다. 그러자 민철이 조금은 근본적인

얘기를 꺼냈다. 그러고 보니 모든 친구들이 돌아가면서 토론에 총력전으로 나서는 모양새다.

"음, 이건 제 생각인데, 일부 장기나 조직이 다른 동물한테서 떼어 온 것이라고 해서 사람이 크게 바뀌는 건 아니겠지만, 그래도 인간으로서의 정체성에 혼란을 느낄 가능성은 없을까요? 좀 극단적으로 말하면 그리스 신화에 나오는 키메라 같은 게 연상되기도 하거든요."

그러자 옆에 있던 정수가 민철의 옆구리를 쿡 찌르며 "뭐? 키메라? 카메라? 그게 뭐야?"라고 물었다. 다른 친구들의 입에서 큭큭 하고 웃음이 터졌다. 진아도 키메라가 뭔지는 몰랐지만 덩달아 웃음을 터뜨렸다.

"거 왜, 머리는 사자, 몸은 염소, 꼬리는 뱀인 동물 말이에요. 여러 가지 동물이 하나의 몸에 한데 뒤섞여 있는 흉측한 괴물이죠."

"아이 참, 장기 이식 하나 한 것 가지고 키메라까지 떠올리는 건 한마디로 '오버'입니다. 예를 들어 다리나 팔이 없어서 의족이나 의수를 한 사람도 많잖아요? 그들이 그것 때문에 무슨 기계처럼 변합니까? 사람의 정체성은 몸의 한 부분으로 결정되는 게 아니라는 거죠."

유림이 민철의 키메라 발언을 날카롭게 받아쳤다. 민철이 마땅히 반박할 말이 없는 듯 머쓱한 표정을 짓자 이제 정수가 입을 열었다.

"아 네, 뭐 그건 그거고, 제 생각에 가장 중요하게 따져볼 것은 동물 학대 문제가 아닐까 합니다. 동물 장기를 연구하는 과정에서 수많은 동물 실험을 하는데, 이 탓에 동물은 너무 큰 고통을 강요당합니다. 무슨 독물 같은 걸 주입받기도 하고, 암에 걸리기도 하고, 해부를 당하기도 하고, 유전자 조작을 당하기도 합니다. 동물을 꼭 그렇게 괴롭혀야만 할까요?"

"그건 뭐 어쩔 수 없는 일이죠. 인간이 자신을 위해 동물을 사용하는 건 불가피한 일입니다. 무엇보다 이식할 장기가 없어서 끔찍한 고통에 시달리는 환자들을 먼저 생각해야죠. 또한······."

"자자, 잠깐만."

진아가 정수의 주장을 반박하는 중인데 드디어 선생님이 끼어들어 진아 얘기를 잘랐다. 충분히 지켜봤으니 이제 중간 정리를 하려는 것이다.

"얘기를 중간에 끊어서 미안한데, 동물 학대 문제는 나중에 동물 실험이라는 주제로 따로 다룰 거야. 그래서 그 얘기는 그때 다시 하기로 하고······ 음, 토론을 쭉 지켜보니 쟁점도 뚜렷이 구분됐고, 각자가 주장한 논리도 괜찮았어. 선생님이 한 가지만 덧붙일게. 유전자 조작된 장기 이식용 돼지가 개발된 건 사실이야. 하지만 아직 해결해야 할 문제가 많이 남아 있어서 일반 사람들이 언제 널리 사용할 수 있을지는 예측하기 어려워. 자 그럼, 마지막으로 인공 장기에 대한 얘기를 간략하게 해 볼까?"

인공 장기의 미래는?

선생님은 사람 몸에 인공으로 만든 기계를 집어넣어 병이나 장애를 해결하려는 '꿈'은 오래전부터 있었는데, 최근 들어 의학은 물론 전자 공학, 컴퓨터 공학, 나노 기술 나노(nano)미터, 즉 사람 머리카락 굵기의 8만분의 1에 해당하는 10억 분의 1미터 정도 크기의 물체를 만들고 조작하는 기술 등 첨단 기술이 급속도로 발전하면서 인공장기 개발의 새로운 가능성이 열리고 있다고 설명해 줬다.

선생님 얘기가 끝나자 혜은이 문제를 제기했다.

"제가 자료를 살펴보니까 지금 사용되고 있거나 연구하고 있는 인공 장기의 종류가 생각보다 훨씬 많았습니다. 심장, 신장, 간, 피부, 혈액, 혈관, 각막, 뼈 등등 정말 다양하더군요. 그런데 이런 것들이 자칫 잘못 사용되면 심각한 문제가 생길 것 같습니다."

"무슨 문제? 좀 더 상세히 얘기해 봐."

선생님이 추임새를 넣어 주었다.

"네, 인공 장기가 사람이 본래 타고난 능력이나 신체 기능을 인위적으로 개선하는 데 사용될 수도 있다는 거죠. 예를 들어 인공 근육으로 힘이 엄청 강해진 팔다리, 적외선이나 자외선도 감지할 수 있는 인공 눈, 멀리서 들리는 아주 작은 소리도 들을 수 있는 인공 귀, 인공적으로 성능을 크게 높인 심장 같은 게 개발된다면 어떤 일이 벌어질까요?"

"와, 완전 짱인데요? 그런 게 가능하다면 어렵고 힘든 일도 손쉽게 척척 해낼 수 있잖아요?"

이런 반응을 보인 건 현준이었다. 하지만 혜은의 의견은 크게 달랐다.

"물론 그럴 수도 있겠죠. 하지만 훨씬 더 큰 문제가 생길 가능성이 높습니다. 아마도 세상은 그런 것을 살 수 있는 사람과 그럴 수 없는 사람으로 나뉠 거예요. 그렇게 되면 돈 많은 사람은 손쉽게 남들보다 훨씬 더 뛰어난 능력과 특수 기능까지 몸에 달고 다닐 수 있지만, 가난한 사람들은 그저 주어진 것에 만족하며 살아야 합니다. 이건 너무 불공평한 일이죠. 사회적으로도 큰 문제가 되고요."

"생각해 보니 이런 일도 일어날 수 있을 것 같아요. 기억력, 계산력, 언어 능력, 판단력, 추리력 같은 걸 크게 높여 주는 장치를 개발해서 그걸 머리에 심는 거예요. 이렇게 되면 공부 잘하는 건 '식은 죽 먹기'처럼 쉬운 일이 되는 거고, 그러면 누가 그 하기 싫은 공부를 힘들여 하겠어요? 또 운동선수가 무슨 기계 장치 같은 것을 달아서 근육이나 심장을 강하게 만들 수 있다면 누가 고된 훈련을 하려고 하겠어요? 결국 이런 식으로 가면 스스로 땀 흘려 노력하는 것의 가치가 사라질 것 같아요. 대신에 누가 돈을 더 많이 갖고 있느냐에 따라 사람 등급이 나누어지는 거죠."

뜻밖에도 진아다. 상대 팀의 얘기에 동조하는 얘기를 한 것이다. 같은 팀의 현준과 유림이 인상을 찡그리며 노골적으로 눈총을 주는데도 말이다. 친구들이 그러거나 말거나 장난꾸러기 민철은 자기 머리를 통통 두드리며 "문제가 있든 없든 머리 좋아지는 기계를 여기다 딱 심으면 얼마나 좋을까?" 하면서 혼잣말을 중얼거리고 있다. 선생님은 그런 모습들을 보면서 빙그레 웃었다. 그러면서 토론을 마무리하셨다.

"사실 성형외과도 본래는 전쟁에서 크게 다친 군인이나 태어날 때부터 기형이 있는 사람들을 위한 것이었어. 하지만 지금은 단순히 미용 목적으로도 많이 이용되잖아? 인공 장기의 미래도 그렇게 되지 말란 법이 없지. 암튼 인공 장기든 동물 장기든 개발은 계속될 거야. 기술이라는 게 본래 한 번 개발되면 쭉 밀고 나가게 돼 있거든. 중요한 건 그 과정에서 발생할 여러 문제를 지혜롭게 해결하는 거겠지. 자, 오늘은 여기서 끝내자꾸나."

다들 "수고했어.", "잘했어.", "좀 아쉽다, 그치?" 이런 말들을 나누느라 어수선한데, 진아 머릿속은 좀 복잡하다. 본래 어느 쪽 입장에 생각이 기울었던 건 아니고 주어진 역할에 따라 토론 준비를 했을 뿐이긴 한데,

토론하다 보니 상대 팀 주장에 귀가 더 솔깃해졌던 것이다.

헤어지기 전에 선생님에게 그런 얘기를 살짝 꺼냈더니, 선생님은 이렇게 일러줬다.

"토론이란 게 본래 서로 얘기를 주고받으면서 몰랐던 것, 잘못 생각했던 것, 깊이 생각하지 못했던 것들을 새로 배우고 더 깊이 공부하는 과정이잖아? 그리고 어느 한쪽으로 명쾌한 결론을 반드시 내려야 하는 것도 아니고. 앞으로 이 대목은 자료를 더 찾아봐야겠구나, 저 대목은 좀 더 깊이 생각해 봐야겠구나, 이런 마음가짐을 다지는 것만 해도 아주 소중한 토론의 성과지."

찜찜한 기분이 말끔히 가시진 않았지만, 진아는 그래도 선생님 얘기를 들으니 한결 마음이 편해졌다. 그러면서 '그래, 오늘 나온 얘기들을 집에 가서 다시 한번 잘 정리해 봐야겠어.'라고 마음먹었다.

함께 정리해 보기
장기 이식을 둘러싼 쟁점

장기 이식을 찬성한다	논쟁이 되는 문제	장기 이식을 반대한다
장기 기증은 용기 있는 선행이며, 다른 사람을 위한 희생과 헌신이다.	장기 기증을 어떻게 봐야 할까?	장기 기증은 물론 필요하고 소중하지만, 신중하고 합리적으로 결정해야 한다.
파는 쪽과 사는 쪽 모두에게 이익이므로 좋은 일이다.	장기 매매는 허용해도 될까?	사람 몸을 상품으로 취급하는 것이며, 부자만 혜택을 보게 된다.
사람에게 안전한 장기를 제공할 수 있는 동물을 대량으로 키우면 장기 부족 문제를 손쉽게 해결할 수 있다.	동물 장기를 어떻게 봐야 할까?	동물 장기는 사람에게 거부 반응을 일으키고 동물 전염병을 옮길 수 있는 데다 동물 학대를 피할 수 없다.
필요한 장기를 대량 생산할 수 있고 사람의 능력과 신체 기능도 향상할 수 있다.	인공 장기의 장단점은 뭘까?	질병 치료에는 사용해야겠지만 사람의 능력과 신체 기능을 인위적으로 높이는 건 심각한 부작용을 일으킨다.
장기 부족을 해결하려면 뇌사자의 장기가 꼭 필요하므로 뇌사를 적극적으로 인정해야 한다.	뇌사는 인정해야 할까?	뇌사는 완전히 죽은 게 아니라 부분적으로만 죽은 것이며, 죽음에 이르는 전체 과정의 한 단계일 뿐이다.

5장 [안락사]

존엄한 죽음일까, 교묘한 살인일까?

안락사란 어떤 사람이 회복 불가능한 죽음의 단계에 이르렀을 때 생명을 연장하기 위한 치료를 그만두거나, 약물 같은 것을 주입해 죽음에 이르게 하는 걸 말해. 사람의 죽음을 다루는 아주 민감한 문제여서 이 안락사를 둘러싸고 윤리, 종교, 법, 의학 등 여러 측면에서 격렬한 논쟁이 벌어지고 있지.
주요 쟁점은 다음과 같은 것들이야. 안락사는 왜 필요한가? 안락사를 '존엄한 죽음'이라 할 수 있을까? 안락사는 살인일까? 죽음을 선택하고 결정할 권리는 누구에게 있을까? 안락사를 허용할 경우 부작용은 없을까?

안락사 찬성 팀

진아   현준   유림

어떤 사람이 큰 병에 걸리거나 대형 사고를 당해 회복할 가망이 없는 위급한 상태에 빠졌다고 생각해 봐. 계속 고통으로 몸부림치면서 생명을 연장하기보다는 죽음을 선택하는 게 더 낫지 않겠어? 이른바 '존엄한 죽음'이지. 이처럼 안락사는 돌이킬 수 없는 죽음을 앞둔 사람의 고통을 효과적으로 해결해 줄 방법이야. 본인이나 가족이 생명 연장에 드는 비싼 의료비를 감당할 수 없어서 받는 고통을 덜어 줄 수도 있고. 회복할 수 없는 상태가 되었을 때 생명 연장 치료를 받지 않겠다는 뜻을 미리 밝히는 문서인 '사전 의료 의향서'를 작성하는 사람이 늘고 있어. 안락사를 선택할 권리는 자신에게 있고, 그 권리를 스스로 행사하는 사람이 늘고 있다는 얘기지.

안락사 반대 팀

민철　　　　　혜은　　　　　정수

안락사는 간단히 말해 '가면을 쓴 살인'이야. 어떤 명분을 내세우든 살아 있는 사람을 죽게 하는 거니까 말이야. 또 가족들이 경제적인 부담 때문에, 혹은 유산 상속이나 보험금 같은 걸 바라는 마음으로 환자의 안락사를 요구할 수도 있잖아? 안락사가 고통을 없애는 건 맞지만, 아무리 위급한 환자라도 살고자 하는 강렬한 욕구를 지닌 사람도 있다는 점을 명심해야 해. 죽을 지경에 놓인 사람이 자신의 상황을 정확하고 이성적으로 판단할 수 없을 가능성도 생각해야 하고, 고통, 공포, 절망감 같은 것 때문에 소중한 생명을 너무 쉽게 포기할 수도 있다는 얘기지. 또 안락사를 허용하면 안락사가 너무 자주, 그리고 손쉽게 시행될 가능성이 높고, 생명의 가치를 가볍게 여기는 분위기가 퍼질 수도 있어.

'죽음의 의사' 잭 키보키언과 테리 시아보 사건

'안락사'란 보통 고칠 수 없는 큰 병으로 극심한 고통을 겪는 사람에게 그 고통을 덜어 주기 위해 치료를 중단하거나 약 같은 것을 주어 죽음을 앞당기는 행위를 뜻한다.

안락사를 직접 실행한 이들 가운데 잭 키보키언이라는 미국 의사가 있다. '죽음의 의사'라 불리는 그는 1998년까지 환자 130여 명의 죽음을 도왔으며, 안락사를 진행하는 기계를 직접 만들기도 했다. 환자와 정맥 주사기로 연결된 기계의 버튼을 환자가 직접 누르면 환자에게 식염수가 주입되다가 뒤이어 강력한 마취제가 주입된다. 그렇게 해서 환자가 의식을 잃으면 그 기계는 독극물인 염화칼륨을 자동으로 주입해 환자의 심장을 멎게 한다. 큰 파문이 일어난 건 그가 안락사를 시행하는 모습이 한 텔레비전 프로그램에 방영되면서였다. 결국 그는 살인죄로 감옥에 8년 6개월이나 갇혀 있다가 풀려났다.

테리 시아보 사건도 주목할 만하다. 테리 시아보라는 미국 여성은 1990년 갑자기 호흡 곤란 증세를 보이면서 심장마비를 일으켰다. 응급 처치로 다행히 생명은 건졌지만 테리는 혼수상태에 빠지고 말았다. 두 달 뒤 간신히 깨어났지만 의식은 돌아오지 않았다. 다른 사람은 물론 자신이 누구인지도 알지 못했고, 어떤 자극에도 반응하지 않았다. 이후 테리는 '식물인간'으로 살게 되었다.

아무리 애를 써도 상태가 나아질 기미가 보이지 않자 테리의 남편이었던 마이클은 테리에게 연결된 영양 공급 호스를 빼 테리가 생을 마칠 수 있도록 허가해 달라는 청원을 법원에 냈다. 법원은 먼저 테리가 '사전 의료 의향서'를 남겼는지를 확인했다. 사전 의료 의향서란 환자가 불치병에 걸리거나 지속적인 의식 불명 상태에 빠질 때 의미 없이 생명을 연장하는 치료를 받지 않겠다는 뜻을 미리 밝히는 법적 문서이다. 테리는 이 문서를 남기지 않았다. 하지만 법원은 테리가 사고가 나기 이전에 '기계로 생명을 이어가고 싶지 않다.'고 얘기했다는 남편의 말을 참고했다.

문제는 테리의 친부모가 남편의 청원을 반대했다는 점이다. 그 결과 양쪽 사이에 격렬한 법적 공방이 벌어졌다. 그 과정에서 언론은 물론 종교인과 정치인, 심지어 당시 미국 대통령까지

이 재판을 크게 주목하게 되었다. 그 와중에 테리의 영양 공급 호스가 두 번이나 제거되었다가 안락사를 반대하는 여론의 압력 등으로 다시 연결되기도 했다. 그러다 결국 법원은 영양 공급 호스를 제거하라는 최종 판결을 내렸다. 2005년 3월 18일 테리의 영양 공급 호스가 제거되었고, 14일 뒤 테리는 숨을 거두었다. 테리는 무려 15년이라는 긴 세월 동안 인공적인 도구에 의존해 목숨만 간신히 유지하다가 마침내 생을 마쳤다. 테리를 둘러싸고 떠들썩하게 진행된 재판은 미국은 물론 전 세계에 뜨거운 안락사 논쟁을 불러일으켰다.

더 공부해 오기

안락사 논쟁은 지금도 여전히 우리나라는 물론 세계 곳곳에서 뜨겁게 진행되고 있다. 잭 키보키언이 한 일은 진짜 살인일까? 만약에 여러분이 테리 시아보의 남편이나 부모 입장이라면 어떻게 할까? 죽음에 대한 이야기인 만큼 아직 어린 여러분 입장에서는 좀 낯설고 어색한 주제일 수 있다. 그러나 두말할 필요도 없이 여러분도 언젠가는 죽는다. 이번 기회에 죽음의 문제에 한 번 도전해 보는 건 어떨까? 다음과 같은 사항을 중심으로 공부해 오자.

▷ '존엄한 죽음'이란 무엇일까?
▷ 안락사는 살인일까?
▷ 죽음의 선택권은 누구에게 있을까?
▷ 안락사의 부작용은 뭘까?

[안락사]
존엄한 죽음일까, 교묘한 살인일까?

안락사는 왜 할까?

"혜은아, 토론 준비 잘 되고 있어?"

"응 뭐, 하고는 있는데, 주제가 영 좀……."

"그치? 주제가 너무 황당하지? 야, 이제 겨우 초등학생 6학년짜리들한테 죽음에 대해서 공부해 오라니, 이게 말이 돼?"

"그러게……. 뭐 그래도 어떡하겠어? 토론 날이 며칠 남지도 않았는데 어떻게든 준비는 해야지."

"그래, 그렇긴 하다만……. 야, 어쨌건 너도 토론 자료에 '여러분도 언젠가는 죽는다.'고 쓰여 있는 것 봤지? 그게 우리한테 할 소리야? 도대체 실감이 나야 말이지."

"그건 그래. 근데 사실 얼마 전에 친척 어른이 돌아가셔서 아빠 엄마

따라 장례식장에 가 본 적이 있거든? 화장(火葬)하는 것도 보고 말이야. 거 왜, 죽은 사람의 몸을 불로 태우는 거 있잖아? 근데 그런 모습을 보니까 사람이 죽을 때 어떤 느낌, 어떤 생각이 드는지 궁금했어."

"그래? 그러고 보니 나도 작년에 부모님 따라 그런 델 가 본 적이 있긴 한데, 어떤 느낌이었는지 기억도 안 나. 어휴, 어쨌든 난 지금 토론반에 들어온 걸 후회하고 있어."

"휴우, 사실은 나도 좀 힘들어. 야, 그래도 기왕에 시작한 거니까 한 번 열심히 해 보자."

며칠 전 진아는 혜은과 이런 얘기를 나누었다. 사실 그랬다. 안락사라니? 진아는 안락사라는 말 자체를 이번에 처음 들었다. 물어보니 혜은과 정수를 빼고는 다른 친구들도 마찬가지였다. 그래서 좀 황당하기는 했지만, 그렇다고 해서 진아가 준비를 하지 않은 건 아니다. 자료도 찾아보고 친구들과 의견도 나누고 궁금한 건 엄마 아빠한테 물어보기도 했다. 그러는 과정에서 뜻밖에 흥미와 호기심이 일기도 했다. 하지만 이런 주제로 토론을 제대로 해낼 수 있을지, 미심쩍은 마음은 좀체 가시지 않았다.

어느새 며칠이 훌쩍 지나 드디어 다섯 번째 토론 시간이 돌아왔다. 안락사 찬성 팀인 진아, 현준, 유림, 그리고 반대 팀인 민철, 혜은, 정수가 서로 마주 보며 정해진 자리에 앉았다. 토론이 시작되자 선생님은 먼저 안락사의 뜻과 종류부터 짚고 넘어가자고 하셨다. 그러자 반대 팀의 민철과 혜은이 나란히 발표에 나섰다.

"안락사란 토론 자료에도 나오듯이 어떤 사람이 회복할 수 없는 죽음의 단계에 이르렀을 때 단순히 생명을 연장하기 위한 치료, 즉 연명 치료를 그만두거나, 아니면 약물 같은 것을 주입해 죽음에 이르게 하는 걸 말합니다. 환자 본인이나 가족의 요청에 따라 생명 유지에 꼭 필요한 영양 공급, 약물 투여, 인공호흡 등을 중단함으로써 죽게 하는 것을 '소극적 안락사'라고 합니다. 이걸 '존엄사'라 부르기도 합니다. 의미 없이 고통스럽게 목숨만 유지하기보다는 존엄한 죽음을 선택한다는 뜻에서 이런 이

름이 붙었죠. 이와 비교해 약물 같은 걸 주입해 인위적으로 죽음에 이르게 하는 것은 '적극적 안락사'라 부릅니다."

"그리고 자기 스스로 선택했느냐 아니냐에 따라 '자발적 안락사'와 '비자발적 안락사'로 구분하기도 합니다. 비자발적 안락사는 자기 의사를 표현할 수 없는 사람, 예를 들어 아기나 혼수상태의 환자 등에게 고통을 덜어 주려고 시행된다고 합니다. 그리고 대부분 나라에서 적극적 안락사는 허용하지 않지만, 소극적 안락사는 때에 따라 허용하기도 한다고 합니다."

"그럼, 이런 안락사를 하는 이유는 무엇이며, 안락사가 관심을 끌게 된 배경은 뭘까?"

선생님이 다시 질문하자 이번엔 찬성 팀의 유림이 답변했다.

"그건 현대 의학 기술과 치료 시설이 급속하게 발달했기 때문입니다. 옛날에는 큰 병에 걸려 위급한 상태에 빠지면 얼마 못 가 죽을 때가 많았잖아요? 하지만 요즘은 기술과 장비 발달로 몇 달, 심지어 몇 년을 생존하기도 합니다. 하지만 그렇다고 해서 병이 치료되거나 상태가 나아지는 게 아니라 생명만 유지되는 것이고, 그만큼 고통의 시간만 늘어날 뿐이죠. 그 탓에 의료비가 감당하기 힘들 만큼 많이 늘어날 때도 많고요. 결국, 고통으로 몸부림치다 죽거나 아무런 의미 없이 살다가 죽을 바에야 품위 있게 일찍 죽는 게 낫다는 생각을 하게 된 겁니다."

"또 이런 측면도 있는 것 같습니다."

유림의 발언이 끝나자마자 곧바로 얘기를 시작한 건 같은 찬성 팀의

우리나라에서 안락사를 처음으로 인정한 김 할머니 사건

우리나라에서 안락사 문제가 처음으로 커다란 사회적 논란을 일으킨 것은 1997년의 이른바 '보라매 병원 사건'이다. 당시 병원에서는 의식을 완전히 잃은 채 인공호흡기에 의존해 생명을 이어 가던 환자를 가족 요청에 따라 집으로 돌려보냈다. 당연히 그 환자는 죽었다. 그러나 그렇게 한 의사는 나중에 살인죄를 범했다는 판결을 받았다. 이후 병원들은 이런 처벌이 두려워 어떤 환자라도 '연명 치료'를 중단할 수 없었다.

그러던 차에 2009년 '김 할머니 사건'이 터졌다. 당시 김 할머니는 폐암 검사를 받다가 피를 너무 많이 흘려 식물인간이 되고 말았다. 자녀들은 김 할머니의 평소 뜻에 따라 의미 없는 연명 치료를 중단할 것을 요구했으나 병원 쪽은 이를 거부했다. 결국 재판이 벌어졌고, 대법원은 가족의 손을 들어주면서 김 할머니한테서 인공호흡기를 떼어 내도록 했다. 그 뒤 김 할머니는 의식이 없는 상태로 201일을 생존하다가 사망했다. 당시 대법원은 "회복 불가능한 사망 단계에 이른 후에 인간으로서의 존엄과 가치 및 행복 추구권에 기초해 자기 결정권을 행사하는 것으로 인정되는 경우 연명 치료의 중단이 허용될 수 있다."고 밝혔다. 이는 우리나라에서 안락사의 한 종류인 소극적 안락사, 곧 존엄사를 공식적으로 인정하는 첫 판결이었다.

현준이었다.

"죽음의 시점이나 방법을 스스로 선택하고 결정하겠다는 생각이 널리 퍼진 것도 안락사의 배경 가운데 하나입니다. 자기 몸, 자신의 삶과 죽음에 대한 결정권을 스스로 행사하겠다는 거죠. 또 자료를 보니까, 한때 크게 유행했던 '웰빙well-being, 좋은 삶'에 빗대 요즘은 '웰다잉well-dying, 좋은 죽음'을 추구하는 사람들이 많아진 것도 안락사와 관계가 깊다고 합니다."

설명이 매끄럽다. 아주 그럴듯하게 들린다. 그래서인지 선생님도 친구들 모두에게 힘을 실어 주었다.

"좋았어. 다들 준비하기가 버거운 주제였을 텐데 잘하는군. 자, 그런데 안락사는 사람의 죽음과 직결된 문제라 윤리, 종교, 법, 의학 같은 여러 가지 측면에서 커다란 논란이 되고 있어. 우리나라에서도 이 문제로 재판이 벌어진 적이 있고, 지금도 논쟁이 뜨겁지. 이제부터 그것들을 한 번 살펴보자. 먼저 토론할 내용은 '안락사는 과연 살인인가?' 하는 거야."

안락사는 살인일까?

그러자 민철이 성큼 나섰다. 준비를 충실히 했는지 자신만만한 태도가 묻어났다.

"안락사는 한마디로 가면을 쓴 살인입니다. 적극적 안락사든 소극적 안락사든 살아 있는 사람을 죽게 한다는 점에서는 다를 게 없잖아요? 그리고 예를 들어 환자 가족들이 경제적인 부담이 너무 커서 또는 유산 상속을 바라는 마음으로 안락사를 요구할 수도 있습니다. 더구나 소극적 안락사의 경우는 환자를 너무 일찍 죽게 만들 수도 있을 것 같습니다. 자료를 보니까, 몇 년이나 혼수상태에 빠져 있던 환자가 어느 날 깨어날 수도 있고, 혼수상태라 해도 적절히 치료하고 보살펴 주면 깨어날 수도 있다고 하더라고요. 이런 경우 섣부른 안락사는 살인과 다를 게 없죠."

"가장 중요한 건 당사자의 입장입니다. 안락사는 돌이킬 수 없는 죽음을 앞둔 환자의 고통을 해결해 줄 수 있는 효과적인 방법입니다. 안락사가 살인이라는 주장은 겉모습만 보고 하는 얘기가 아닐까요? 생각해 보세요. 살인은 죽은 사람이 죽음을 원해서 일어나는 게 전혀 아닙니다. 더구나 살인은 살인을 한 사람의 분노, 탐욕, 복수심, 원한 같은 이유로 일어나는 범죄입니다. 본인 스스로 죽음을 선택하는 안락사와는 완전 다르죠."

"다른 각도에서 보면 안락사 가운데서도 자발적인 안락사는 자살과 같은 거잖아요? 근데 자살이 좋은 것, 바람직한 것이라고 얘기하는 사람은

아무도 없습니다. 그러니 안락사는 문제가 있는 게 틀림없어요."

"에이, 그건 아니죠. 자살이란 힘들고 절망적인 현실을 이겨 나갈 수 있음에도, 그러니까 미래의 가능성이나 희망이 열려 있는데도 그걸 완전히 포기해 버리는 거잖아요? 하지만 안락사는 회복될 가능성, 다시 말해 미래의 가능성이나 희망이 완전히 닫혀 있을 때 어쩔 수 없이 선택하는 거죠. 자살과 안락사가 얼핏 비슷해 보일지 모르지만 속 내용은 많이 다릅니다."

찬성 팀인 진아가 민철의 주장을 바로 반박했더니 반대 팀의 정수가 자살 이야기를 들고 나왔고, 이에 대해 현준이 다시 반론을 제기했다. 분위기를 보아하니 오늘도 논리 대결이 제법 팽팽할 것 같다. 그런 분위기 탓일까, 혜은이 목소리를 가다듬으며 입을 여는 품이 심상치 않다.

"안락사가 고통을 없애 준다는 건 물론 맞는 말입니다. 하지만 많은 환자가 살아 있다는 것 자체를 아주 소중히 여긴다는 걸 잊어선 안 된다고 생각해요. 살고자 하는 강렬한 욕구가 있다는 거죠. 불치병 환자라고 해서 무조건 불행하란 법은 없잖아요? 몸은 힘들어도 정신적인 측면을 비롯해 나름의 행복이랄지 기쁨 같은 건 얼마든지 느낄 수 있다고 합니다. 더구나 요즘은 새로운 진통제가 많이 개발되고 있어서 고통을 줄이기가 한결 쉬워졌다고 합니다. 호스피스 활동도 활발해지고 있고요."

토론 열기가 서서히 달아오르고 있다. 그런데 호스피스란 낯선 말이 등장했다. 그래서 누가 묻지도 않았는데 호스피스에 대한 혜은의 설명이 곧바로 이어졌다.

"호스피스란 죽음을 앞둔 환자가 최대한 평안한 죽음을 맞을 수 있도록 몸과 마음을 따스하게 보살펴 주고 위로해 주는 활동을 말합니다. 환자가 이런 도움을 받을 수 있다면 일부러 안락사를 선택할 이유가 있을까요? 호스피스 같은 대안이 있는데, 사람 목숨이 왔다 갔다 하는 안락사를 너무 가볍게 생각하면 안 된다고 생각합니다."

호스피스라는 쉽게 접하기 어려운 얘기까지 꼼꼼하게 준비한 걸 보면 과연 토론반 에이스다운 모습이다. 그때 선생님이 슬쩍 끼어들었다.

"음, 호스피스와 안락사는 꼭 대립하는 것만은 아니야. 안락사의 대안으로 호스피스를 선택하는 경우도 있지만, 안락사하기로 결정하더라도 마지막 죽는 순간까지 호스피스의 도움을 받는 경우도 많거든. 그래서 어떻게 보면 이 둘은 서로 보완해 주는 측면도 있다고 볼 수 있지. 자, 그럼 다음으로 죽음을 선택할 권리는 누구한테 있는가 하는 문제를 짚어 보자."

죽음을 선택할 권리는 누구에게 있을까?

의자를 바짝 끌어당기며 발언에 나선 건 진아였다. 이 문제에 대해서만큼은 분명하게 생각 정리를 해 둔 것이다.

"죽음을 선택할 권리는 당연히 자기 자신한테 있고, 안락사를 선택할 권리 또한 환자 본인에게 있다고 생각합니다. 당사자야말로 어떻게 하는 게 자기한테 좋은지를 가장 잘 판단할 수 있으니까요. 물론 가족이나 의사의 의견도 중요합니다. 하지만 원하지 않는 치료나 불필요한 생명 연장 조치를 거부할 권리, 언제 어떻게 죽을지를 결정할 권리는 어디까지나 자기 자신에게 있습니다."

그러자 고개를 갸우뚱거리며 듣고 있던 정수가 다른 의견을 내놓았다.

"근데 죽을 지경에 놓인 환자가 언제나 정확하게 판단할 수 있을까요? 그리고 그런 환자가 자신이 원하는 바를 정확하게 표현할 수 있을까요? 불치병을 앓으며 죽음을 앞둔 사람은 의식이 오락가락할 수도 있고, 우울증이나 정신병 같은 걸 앓을 수도 있고, 극도의 공포심이나 절망감 같은 것에 사로잡힐 수도 있습니다. 이런 상황에서는 자포자기의 심정으로 죽음을 너무 쉽게, 어떤 의미에서는 무책임하게 선택할 가능성도 얼마든지 있다는 거죠."

"바로 그런 이유 때문에 '사전 의료 의향서'란 게 있습니다."

사전 의료 의향서? 아주 어려운 말인 것 같다. 친구들이 어리둥절한 표정으로 서로 돌아보면서 "저게 무슨 소리야?" 하며 수군거렸다. 하지만 그런 친구들을 바라보는 진아의 얼굴에는 장난기가 어려 있다.

"뭘 그리 어리둥절해 해? 헤헤헤, 정말 머리들이 나쁜가 봐. 거 왜, 토론 자료에도 이 말이 나왔었잖아? 설명도 있고. 기억 안 나?"

친구들은 그때야 부랴부랴 자료를 뒤적거린다. "아, 여기 있구나", "어? 분명히 읽었는데 왜 기억이 안 나지?" 같은 소리가 여기저기서 들린다. 혜은만이 그런 친구들을 좀 한심하다는 표정으로 둘러보고 있다.

그런 혜은과 눈이 마주친 진아가 웃으면서 얘기를 이어 갔다.

"요즘은 사전 의료 의향서를 통해 의미 없는 연명 치료를 받지 않겠다는 뜻을 미리 밝히는 사람이 늘고 있다고 합니다. 방금 정수가 말했듯이 죽음이 코앞에 닥치면 자신의 의사를 정확하게 밝힐 능력이 없을 수도 있습니다. 이럴 때를 대비하여 미리 자기 뜻을 분명하게 적어 놓고, 이를 가족과 의사에게도 알려 두는 게 바로 사전 의료 의향서죠. 이걸 작성해 두면 나중에 죽음이 닥쳤을 때 자신은 물론 의사와 가족들의 정신적 부담이나 경제적 부담을 크게 덜 수 있습니다. 정수가 제기한 문제도 해결할 수 있고요."

진아의 발언에 거침이 없다. 하지만 곧장 민철의 반격이 시작됐다.

"그렇다 하더라도 그게 얼마나 깊이 고민한 결과인지, 합리적인 판단이었는지는 따져 볼 여지가 있지 않을까요? 환자 대신에 가족이 보호자 자격으로 그 판단을 대신할 때도 많다고 합니다. 이런 경우 가족이 과연 환자의 뜻을 온전히 대변할 수 있을까요? 또 가족들끼리도 의견이 다를 수 있고, 가족이 환자보다는 자신들을 위해서 안락사를 결정할 수도 있습니다. 예를 들어 환자 가족들이 환자를 간호하느라 몸과 마음이 너무 힘들고 치료비 부담도 너무 크다면, 또는 혹시라도 유산 상속이나 보험금 같은 것에 욕심이라도 낸다면, 안락사를 선택할 가능성이 높다는 거죠."

"그럴 가능성이 전혀 없다고는 말하기 힘들겠죠. 하지만 실제 현실에서 그런 경우는 거의 없습니다. 그리고 큰 틀에서 볼 때 전체적인 방향이 옳다면 그 방향으로 가는 게 바람직하다고 생각합니다. 작은 문제들이

발생하면 그 과정에서 해결해 나가야 하고요."

유림이 민철의 주장에 다시 나름의 반론을 제기했다. 그때 선생님이 끼어들었다. 죽음 선택권에 대한 토론은 이 정도면 됐다고 판단한 것이다.

"자, 이쯤에서 다른 얘기를 해 보자. 안락사 반대자들 가운데에는 안락사를 나쁜 데 악용할 가능성을 걱정하는 사람들이 많아. 이 문제에 대해서는 반대 팀에서 얘기를 먼저 해야겠는데?"

"네, 제가 하죠."

혜은이 앞머리를 쓱 한 번 쓸어 올리더니 발언에 나섰다.

안락사의 부작용은 뭘까?

"안락사를 일단 허용하고 나면 안락사가 너무 쉽게 적용될 가능성이 있습니다. 실제로 어떤 의사가 한 번 안락사 결정을 내리면 그 다음에는 더 쉽게 안락사를 선택할 확률이 높아진다고 합니다. 그래서 이런 식으로 가다 보면 생명의 가치를 소중히 여기는 정신이나 사회적인 분위기에도 나쁜 영향을 미치지 않을까 걱정됩니다."

"제가 본 자료에 따르면, 특히 장애인에게 안락사가 악용될 가능성이 높다고 합니다. 좀 심하게 말하면, 장애를 안고 살기보다는 죽는 것이 더 낫다는 식의 생각이 퍼질 수 있다는 거죠. 또 안락사를 자유롭게 하게 되면 병원이나 요양소 같은 곳의 노약자들에 대한 사회적 시선이 바뀔 수도 있을 것 같아요. 이들을 치료하고 돌보는 데 사회적 비용이 많이 드니까 좀 빨리 죽어 줬으면 하는 압력 같은 게 가해질 가능성이 있다는 거죠. 결국 사회적으로 쓸모없다고 여겨지는 사람들에 대한 차별이나 편견이 더 깊어질 수도 있다는 얘깁니다."

혜은에 이어 민철이 좀 더 구체적으로 안락사의 부작용을 강조했다.

외국과 우리나라의 안락사 정책

적극적 안락사를 허용하는 나라로는 네덜란드, 벨기에, 룩셈부르크 등이 대표적으로 꼽힌다. 하지만 엄격한 전제 조건이 충족되어야 한다. 그 주요 내용은 △환자의 안락사 요청은 자발적이며 충분히 고민한 결과여야 한다, △환자의 고통이 지속적이며 참을 수 없는 것이어야 한다, △환자가 자신의 상태를 나아지게 할 만한 다른 대안이 없음을 확신해야 한다, △최소한 한 명의 다른 독립적인 의사에게 판정을 요구하여 문서로 된 의견서를 받아야 한다 등이다. 그리고 이 모든 것은 사망 진단서에 기록되며, 의사는 검사와 경찰에게 불법 행위 여부가 있었는지를 철저히 조사 받는다.

미국에서는 오리건주와 워싱턴주에서 회복 불가능한 환자가 의사의 도움을 받아 스스로 목숨을 끊는다는 의미의 '자발적 존엄사'를 법적으로 허용하고 있고, 40여 개 주에서 가족의 동의 아래 이루어지는 연명 치료 중단을 인정하고 있다. 일본, 인도, 대만, 오스트레일리아 등도 소극적 안락사 개념인 의미 없는 연명 치료 중단을 허용하고 있거나 허용하려는 움직임을 보이고 있다.

우리나라 또한 앞서 소개한 '김 할머니 사건' 판결 이후 연명 치료 중단 허용을 법으로 제도화하려는 움직임이 계속되고 있다. 지난 2013년 7월, 이 문제를 담당하는 국가 생명 윤리 심의 위원회라는 기구에서는 환자 본인의 뜻과 상관없이 법적 대리인이나 가족들의 합의를 통해서도 연명 치료를 중단할 수 있도록 하는 권고안을 내놓았다. 이후, 2016년에 연명 의료 결정법을 제정했고 2018년에 연명 의료 결정 제도를 시행했다. 2020년에 보건 복지부에서 지정한 사전 연명 의료 의향서 등록 기관이 전국에 400개소 지정 운영 중이다.

반대 팀에서 두 명이 연속으로 나섰으니 찬성 팀도 가만히 있을 순 없는 법, 이번엔 유림이 반격에 나섰다.

"지금 반대 팀의 얘기는 과장된 억지 주장입니다. 물론 안락사가 낳을지도 모를 부작용은 깊이 고민해야겠죠. 하지만 그건 안락사와 관련된 법이나 제도, 정책 같은 걸 세심하고 엄격하게 잘 만들어 운영하면서 해결해 나가면 됩니다."

여전히 평행선이다. 선생님이 종합적으로 마무리할 시점이다.

"이제 정리해 보자. 안락사를 허용하면 개인 차원에서나 사회 차원에서나 부작용이 없을 순 없을 거야. 대표적인 예로, 불치병에 걸린 가난한 노인 입장에서는 순수하게 자신의 존엄한 죽음을 위해서가 아니라 치료비가 너무 많이 들어서, 또는 가족에게 짐이 되지 않으려고 안락사를 선택할 수 있어. 물론 이에 대해, 그렇게 하는 게 본인과 가족 모두에게 현명한 선택이라는 반론도 있지. 암튼 가난한 사람이나 장애인 같은 사회 경제적 약자들이 안락사의 대상이 될 가능성이 높다는 주장과 실제 현실에서는 그런 일이 거의 없다는 주장이 팽팽하게 맞서고 있어. 어떻든 안락사와 관련한 최근 흐름이 죽음에 대한 자기 결정권을 중시하는 쪽으로 가고 있는 건 사실이야. 특히 소극적인 안락사에 대해선 대체로 인정하는 방향으로 가고 있지. 자 그럼, 이 정도로 오늘 토론을 마칠까? 다들 힘들었지? 수고 많았어."

진아는 토론을 시작하기 전까지만 해도 오늘 토론을 제대로 할 수 있을까 하는 의문이 들기도 했다. 그런데 막상 마치고 나니 새삼 오늘 주제가 중요하다는 생각이 들었다. 안락사라는 게 단순히 개인 차원의 문제가 아니라 사회적으로 논의해야 할 이슈라는 것도 깨달을 수 있었다.

무엇보다 아직 어리긴 하지만 '죽는다는 것'에 대해 나름대로 생각하고 공부할 수 있었던 것은 새롭고도 신선한 경험이었다. 이렇게 생각하니 진아는 마음이 흐뭇해졌다. 정신적으로나 지적으로 한결 더 성장한 느낌이 들었다. 그래서 토론반에 들어온 걸 후회하던 아까의 마음 또한 반대로 바뀌었다.

그러고 보니 다음번이 마지막 토론이다. 진아는 짐짓 주먹을 한 번 힘껏 쥐어 본다. 그러면서 '그래, 힘들고 귀찮지만 이전보다 더 열심히 준비해야겠어. 멋지게 끝내야지.' 하고 마음을 다잡는다. 친구들과 떠들썩하게 웃음꽃을 피우며 학교 문을 나서는 진아의 발걸음이 오늘따라 유난히 가볍다.

함께 정리해 보기
안락사를 둘러싼 쟁점

안락사를 찬성한다	논쟁이 되는 문제	안락사를 반대한다
안락사는 회복할 수 없는 죽음의 단계에 접어든 환자의 고통을 없애 주고 '존엄한 죽음'을 가능하게 해 준다.	안락사는 '존엄한 죽음'일까?	지나친 경제적 부담을 견디지 못해서, 혹은 유산 상속이나 보험금 등을 바라는 마음으로 안락사를 요구할 수 있다.
살인은 자기 뜻과는 무관하게 다른 사람이 자신을 죽이는 것이지만, 안락사는 스스로 자기의 죽음을 선택하는 것이다.	안락사는 살인일까?	어떤 이유에서든 살아 있는 사람을 죽게 만든다는 점에서 '가면을 쓴 살인'이라고 해도 지나치지 않다.
죽느냐 사느냐, 어떤 방식으로 죽을 것이냐를 선택할 권리는 자기 자신한테 있다.	죽음의 선택권은 누구에게 있을까?	죽음을 앞두고 고통과 절망에 휩싸인 상황에서 죽음에 대해 이성적이고 현명한 판단을 내리긴 어렵다.
부작용을 낳을 가능성이 있지만, 법, 제도, 정책 등으로 철저하고 세심하게 관리하면 된다.	안락사의 부작용은 없을까?	죽음을 너무 쉽게 선택할 수 있고, 생명 가치를 경시하는 분위기가 퍼질 가능성이 높다.

6장 [동물 실험]
인류에게 혜택일까?
불필요한 동물 학대일까?

동물 실험은 의약품과 치료법 개발, 화장품 같은 다양한 제품의 사전 안전성 검사 등에 널리 활용되고 있어. 사람의 생명과 건강을 지키고 생활의 질을 높이는 데 요긴한 도움을 준다고 볼 수 있지. 하지만 동물의 권리와 생명의 소중함에 대한 인식이 높아지면서 동물 실험을 반대하는 목소리도 부쩍 커지고 있어.
여기서 가장 큰 쟁점은 윤리적 정당성 문제, 곧 동물 실험이 지나친 동물 학대냐 아니냐 하는 거야. 또 동물 실험이 과학이나 의학 발전에 꼭 필요한 것인지, 동물 실험의 실제 효과는 얼마나 되는지 등도 논란거리야. 반면 동물 실험의 대안에 대해서는 찬반 양쪽이 의견을 모아 가고 있어.

동물 실험 찬성 팀

민철  유림  현준

동물 실험이 없었다면 수많은 의약품과 치료법이 개발되지 못했을 거야. 동물 실험은 인간의 건강과 생명 그리고 의학과 과학 발전을 위해 꼭 필요해.
동물 학대라는 비판이 있지만, 동물 실험의 부정적인 측면만 너무 과장하면 안 돼. 동물보다 더 중요한 게 사람의 행복이고, 따라서 인간의 필요와 목적에 따라 동물을 이용하는 건 당연한 일이야. 동물 보호 목소리가 높아진 건 극히 최근의 일이야. 우리가 안심하고 약을 먹거나 치료를 받을 수 있는 건 동물 실험으로 의약품과 치료법을 검증한 덕분이야. 동물 실험은 피할 수 없는 선택이야. 동물을 가능한 한 괴롭히지 않도록 노력하면 돼.

동물 실험 반대 팀

진아 정수 혜은

동물 실험의 실상을 들여다보면 동물에 대한 잔인한 학대와 고문이 너무 심해. 동물도 사람과 마찬가지로 고통을 느끼고 감각과 의식을 가지고 있는 생명체인데, 그런 동물을 사람의 이익만을 위해 물건처럼 다루는 건 잘못이야. 더구나 동물 실험의 결과가 사람에게 정확하게 들어맞을 확률은 아주 낮아. 실제 효과는 아주 작아서 동물 실험만 믿다가는 심각한 후유증이나 부작용이 발생할 가능성이 높지.

그래서 유럽 같은 곳에서는 동물 실험을 금지하고 규제를 엄격하게 하는 흐름이 갈수록 강해지고 있어. 동물 실험을 최소한으로 줄이고 다른 대안을 찾는 노력을 더 적극적으로 해야 해.

탈리도마이드의 비극

'탈리도마이드'는 1957년 독일에서 처음 등장한 약이다. 본래는 진정 수면제인데, 임신 초기 임산부의 입덧(구역질이 나고 입맛이 떨어지며 몸에 이상이 생기는 증세)을 없애는 데에도 효과가 있는 것으로 알려지면서 많은 임산부가 복용했다. 당시 제약 회사는 이 약이 부작용이 전혀 없는 획기적인 것이라고 크게 선전했다. 본래 임산부는 태아 건강을 위해 약을 먹는 것을 아주 조심해야 하지만, 이 약은 임산부가 먹어도 안전하다는 것이다. 제약 회사는 동물 실험을 통해 탈리도마이드가 아무런 문제가 없는 안전한 약으로 검증되었다고 했다.

그런데 이상한 일이 벌어졌다. 수많은 임산부가 이 약을 먹고 나서 기형아를 낳은 것이다. 팔다리가 없는 아이들, 물갈퀴 같은 손발을 가진 아이들이 유럽을 비롯해 50여 개 나라에서 1만 명이 넘게 태어났다. 엄청난 비극이 발생한 것이다. 이에 1959년 독일의 한 의사가 탈리도마이드가 기형아 출산에 관계가 있다는 사실을 알렸지만 묵살되었고, 그 후에도 약은 몇 년 동안 계속 팔렸다. 제약 회사는 다시 탈리도마이드를 여러 동물에게 먹였지만 기형아 출산과의 연관성을 찾지 못하였다. 그래서 탈리도마이드의 사용이 다시 허용된 것이었다. 그러다 탈리도마이드와 기형아 출산의 연관성을 보여 주는 확실한 증거를 모은 의사가 약 판매를 중지해야 한다고 제약 회사에 알렸고, 이것이 신문에 보도되고 난 뒤인 1962년에야 비로소 판매가 중지되었다.

이 약을 만든 회사는 판매가 중지된 때로부터 무려 50년이 지난 2012년에야 이 약의 피해자들을 기리는 행사에 참석해 처음으로 사과의 뜻을 전했다. 그러나 50년이 넘도록 고통 속에서 살아온 피해자들은 너무나도 뒤늦은 제약 회사의 사과를 받아들이지 않았다. 나라별로 피해를 배상하라고 소송을 벌여 온 피해자들은 제약 회사가 재판에서 유리한 결과를 얻으려고 마음에도 없는 형식적인 사과를 하는 것이라고 여겼다. 너무 무책임하고 성의가 없다는 것이다.

오늘날 이 사건은 '탈리도마이드의 비극'으로 불리면서 역사상 가장 충격적인 의약품 사고의 하나로 꼽히고 있다. 이 사건은 이후 약품 안전성에 대한 일반 사람의 관심을 크게 높이고 약품의 안전성 기준을 보다 엄격하게 만드는 데 결정적인 계기가 되었다. 아울러 동물 실험의 결과를 얼마나 믿을 수 있는지를 되돌아보는 중요한 기회를 제공해 주었다.

더 공부해 오기

이 사건은 동물 실험을 얘기할 때 빠짐없이 거론된다. 동물 실험에서는 분명히 안전한 것으로 확인되었는데 막상 사람한테는 커다란 문제를 일으켰기 때문이다. 동물 실험은 의학이나 과학 발전에 꼭 필요하다는 주장과, 지나친 동물 학대이고 사람에게 적용할 수 있는 실제 효과도 별로 없다는 주장이 팽팽하게 맞서고 있다. 다음과 같은 사항을 중심으로 공부해 오자.

▷ 동물 실험은 동물 학대일까? 즉, 동물 실험은 윤리적으로 정당할까?
▷ 동물 실험은 과학과 의학 발전에 꼭 필요할까?
▷ 동물 실험은 얼마나 쓸모가 있을까?
▷ 대안은 뭘까?

[동물 실험]
인류에게 혜택일까?
불필요한 동물 학대일까?

동물 실험은 왜 할까?

진아네 집에서는 개를 키운다. 아빠가 오랫동안 완강하게 반대했지만, 3년 전 엄마의 끈질긴 설득에 결국은 고집을 꺾으셨다. 이젠 아빠도 개와 아주 친해져서 매일같이 뒷산에 개를 데리고 산책하러 나가시곤 한다. 안 그래도 개를 키우고 싶어 했던 진아는 이제 정이 너무 깊이 들어 개 없이 사는 걸 상상도 하기 어려워졌다.

이번에 토론 팀이 지난번과 다르게 짜인 이유가 여기에 있다. 애초에는 진아가 현준, 유림과 함께 동물 실험 찬성 팀을 맡기로 되어 있었다. 하지만 아무리 생각해도 진아는 동물 실험을 찬성하는 입장에서 토론하기가 싫었다. 아무리 토론이라지만 집에서 한식구와 다름없이 같이 사는 개를 떠올리면 동물 실험에 찬성하는 입장에 서는 게 도무지 내키지 않았다.

그런 뜻을 얘기했더니 선생님과 친구들은 흔쾌히 동의해 주었고, 그에 따라 진아와 민철이 역할을 맞바꾸기로 했다. 그래서 이번엔 현준, 유림, 민철이 동물 실험 찬성 팀을, 혜은, 정수, 진아가 동물 실험 반대 팀을 각각 맡게 되었다.

"진아야!"

선생님이 불쑥 진아 이름부터 불렀다. 토론 시작을 앞두고 다들 자리에 앉아 자료를 뒤적이거나 옆에 있는 친구와 종알종알 수다를 떨던 참이었다. 여느 때 같으면 선생님이 "자, 이제 자리들 정리하고 슬슬 시작해 볼까?" 같은 말을 꺼내야 할 터였다.

"네?"

한창 친구와 얘기를 나누고 있던 진아는 얼떨결에 놀란 목소리로 대답했다.

"집에 개는 잘 지내고 있어?"

"아 네, 뭐 그냥……."

선생님의 돌발 질문에 무의식적으로 튀어나온 대답이었다.

"하하, 토론 준비는 열심히 했어? 설마 개하고 노느라 게으름 피운 건 아니겠지?"

"아 네, 뭐 그냥……."

똑같은 대답이 반사적으로 다시 튀어나왔다. 진아는 적이 당황스럽다. 다른 친구들도 선생님과 진아를 번갈아 가면서 멀뚱멀뚱 쳐다본다.

"하하하, 진아 때문에 팀을 다르게 짰으니 오늘은 우선 진아한테 이것저것 물어봐야겠다. 그러면서 슬슬 토론을 시작하는 거야, 알겠지? 자, 오늘 주제는 동물 실험이야. 지난번까지는 사람에 관련된 생명 윤리 문제를 다루었잖아? 그래서 오늘은 마지막으로 동물과 관련된 생명 윤리 문제를 토론해 보는 거야. 그럼 먼저, 진아가 동물 실험이 뭔지부터 설명해 볼까?"

드디어 마지막 토론의 막이 올랐다. 잠깐 당황했던 진아는 이내 진지한 표정을 되찾고 답변에 나섰다.

"네, 동물 실험이란 말 그대로 과학이나 의학을 연구하는 과정에서 사람이 아닌 동물을 실험 대상으로 이용하는 걸 말합니다."

"그런 동물 실험을 왜 하는 거지?"

"제가 알아보기에는 몇 가지 목적이 있더라고요. 먼저 사람과 동물의 몸이 어떻게 작동하는지 알려고 동물 실험을 합니다. 그리고 가축병이나 동물의 장기 이식 수술법 등을 연구할 때에도 하고요. 하지만 가장 흔히 하는 동물 실험은 새로운 제품이나 치료법의 효능과 안전성을 확인하기 위한 것이라고 합니다. 그러니까 의약품뿐만 아니라 농약, 화장품, 식품 등이 사람 몸에 어떤 영향을 미치는지 확인하고 예측하려고 동물 실험을 하는 거죠."

"좋았어. 그럼 동물 실험에 어떤 동물이 얼마나 사용되는지도 혹시 조사해 봤어?"

"네, 현재 실험용 동물 수는 전 세계에 약 5억 마리나 있고, 우리나라는 500만 마리가 넘습니다. 이 중에서 해마다 실험에 사용되는 동물 수는 전 세계적으로는 1억 마리, 우리나라는 160만 마리가 넘고요. 그런데 이 분야 통계를 작성하는 나라가 많지 않아서 실제로는 더 많은 동물이 희생됐을 거라고 합니다. 종류로는 생쥐(마우스), 흰쥐(래트), 기니피그, 햄스터 등이 대표적이고, 개, 고양이, 돼지, 새 등도 사용되고 있습니다."

동물 실험의 역사

동물 실험의 역사는 고대 그리스로까지 거슬러 올라간다. 당시에는 진통제나 마취제가 없었던 탓에 동물들은 의식과 감각이 있는 채로 실험을 당해야 했고, 죄수나 전쟁 포로 등도 인체 해부를 당했다. 고대 로마에서는 초기 기독교의 영향을 받아 사람 시체 해부를 법으로 금지했다. 그 결과 의사들은 돼지, 염소 같은 동물들을 해부해야 했다. 고대 그리스와 로마의 의사들은 동물과 인간의 신체 구조가 기본적으로 비슷하므로 동물 실험 결과를 사람에게 적용할 수 있다고 생각했다. 이후 1500년 동안 기독교가 지배하던 유럽에서 인체 해부는 거의 할 수 없었고 동물 실험도 사라진 것처럼 보였다. 그러다 14~16세기에 르네상스, 곧 인간 중심 문화의 꽃을 피우려는 문예 부흥 운동이 활발하게 일어났다. 그즈음에 이탈리아에서 동물 실험에 대한 관심이 높아졌고, 의학 연구를 위한 사람의 시신 해부가 허용되었다. 이후 동물 실험은 유럽 전체로 퍼져 나갔다. 그 결과 혈액 순환, 허파 기능 발견 등과 같은 중요한 의학 발전이 이루어졌다. 널리 알려진 파스퇴르나 파블로프 같은 사람의 연구도 동물 실험에 힘입은 것이었다. 19세기 중순 무렵 동물 마취법이 도입되면서 실험동물이 엄청나게 늘어났으며, 20세기 들어서는 대부분의 의약품 사전 안전성 검사에 동물 실험을 활용하게 되었다. 20세기에 동물 실험으로 이루어진 중요한 발전으로는 당뇨병 치료 인슐린 발견, 각종 항생제와 백신의 개발 등을 꼽을 수 있다. 그러나 20세기 중·후반기를 거치면서 동물 학대를 둘러싼 논란이 뜨거워지고 동물 보호 운동이 거세게 일어나면서 동물 실험 반대 목소리가 갈수록 높아지고 있다.

"근데 선생님, 질문이 하나 있는데요?"

선생님과 진아가 문답을 주고받는 도중에 동물 실험 찬성 팀의 민철이 불쑥 질문을 던졌다.

"그렇게 많은 동물을 실험에 쓰고 난 후 어떻게 하나요?"

"죽이죠. 더는 쓸모가 없으니까요. 안락사를 시킬 때가 많다고 하는데,

비용도 줄이고 손쉽게 처리하려고 그냥 잔인하게 죽이는 경우도 더러 있다고 합니다."

질문은 선생님에게 했는데 답변은 진아가 했다.

"근데 말이에요, 동물 실험을 하도 많이 해서 실험동물이란 게 따로 생겼다고 해요."

이번엔 반대 팀의 혜은이가 또 다른 얘기를 꺼냈다. 무슨 말인지 궁금한 듯 몇몇 친구들이 혜은 쪽을 향해 귀를 쫑긋했다.

"그러니까 실험 결과가 인정받기 위해선 같은 실험을 되풀이하면 같은 결과가 계속 나와야 되잖아요? 그런데 살아 있는 동물을 사용하는 동물 실험에서는 동물의 유전적 차이나 건강 상태에 따라 같은 실험을 해도 다른 결과가 나올 수 있다고 합니다. 바로 이 때문에 특정한 조건에서 같은 반응을 보이도록 유전적으로 똑같은 동물들을 대량으로 만들어 낼 필요가 생깁니다. 결국 실험동물이라는 새로운 생명체를 인위적으로 탄생시켜서 마치 공장에서 물건을 만드는 것처럼 대량 생산하고 있다는 거죠. 마우스, 래트, 기니피그, 햄스터 같은 게 다 그런 것들입니다."

진아와 혜은의 발언에서 동물 실험을 반대하는 분위기가 물씬 풍긴다. 토론 시작부터 얘기가 한쪽으로 기우뚱 쏠리고 있다. 자연스럽게 그렇게 된 것인데, 선생님이 그런 낌새를 알아채지 못할 리가 없다. 그래서 선생님은 곧이어 쟁점에 대한 구체적인 토론으로 들어가자고 제안했다. 첫 번째 쟁점은 동물 실험은 동물 학대인가, 다시 말하면 동물 실험은 윤리적으로 정당한가 하는 문제였다.

동물 실험은 동물 학대일까?

포문은 정수가 열었다.

"동물 실험은 사람의 이익을 위해 동물을 수단과 도구로 삼는 것입니다. 그래서 옳지 못합니다. 사람이든 동물이든 모든 생명은 소중하니까요. 동물도 사람과 마찬가지로 고통을 느끼는 생명체입니다. 사람의 이익을 위해서라면 살아 있는 동물을 물건처럼 마음대로 다루어도 된다는 생각, 사람만이 세계의 유일한 중심이자 목적이라는 교만한 생각은 버려야 한다고 생각합니다."

내용이 묵직하다. 뭔가 철학적인 메시지가 깔린 것도 같다. 하지만 현준의 반격이 곧바로 이어졌다.

"저는 반대로 인간의 생명과 건강을 위해 동물 실험이 꼭 필요하다고 생각합니다. 만약에 동물 실험을 하지 않았다면 지금 우리에게 없어서는 안 되는 수많은 의약품이나 치료법은 아예 등장하지도 못했을 겁니다. 인간은 동물 실험 덕분에 새로운 지식을 쌓을 수 있었고, 또 수많은 사람이 생명을 구하고 고통에서 벗어날 수 있었죠. 더구나 오늘날 동물 실험은 의학과 생명 과학의 발전을 위해서라도 꼭 필요합니다."

"맞아요. 동물보다 사람의 행복이 더 중요하다는 건 두말할 필요도 없잖아요? 사람은 만물의 영장이고, 자연과 이 세계의 지배자입니다. 인간만이 이성과 언어, 지능과 문화 같은 것들을 갖추고 있으니까요. 그러니 인간의 필요나 목적에 따라 동물 실험을 하는 건 당연한 일입니다."

현준의 말에 맞장구를 친 건 유림이었다. 논리가 분명하다. 또다시 불꽃 튀는 공방이 시작되고 있다. 그러자 진아가 옷소매까지 걷어붙이며 나섰다.

"동물 실험이 실제로 어떻게 이루어지는지를 알면 그런 얘기를 함부로 하기 어려울 거예요. 너무 잔인하거든요. 동물을 물에 빠뜨리고, 질식시키고, 굶기고, 불에 태우고, 눈을 멀게 하거나 귀먹게 하고, 뇌와 장기를 망가뜨리고, 팔다리를 잘라 버리고, 담배 연기를 빨아들이게 하고, 독성 약물을 강제로 먹이기도 하고……. 일일이 다 얘기하자면 끝도 없습니다."

"저도 한마디 하죠. 예를 들어 화장품 원료의 안전성을 확인하려고 토끼 실험을 할 때 토끼의 눈꺼풀을 고정해 놓고 눈에다 그 원료를 바른다고 합니다. 토끼는 눈이 따가워서 극도의 고통을 느끼지만, 눈을 감을 수조차 없습니다. 비좁은 우리에 가두어 놓고 독한 헤어스프레이를 계속해서 뿌려 대기도 합니다. 기니피그의 털을 밀고 실험 물질을 바른 뒤 피부가 얼마나 상하는지 등을 알아보기도 합니다. 마취도 하지 않고서 말이에요. 그런데 이렇게 해서 얻은 실험 결과가 실제로 사람에게 적용되는 비율은 20퍼센트 정도에 불과하다는 조사 결과가 있습니다. 별 쓸모도 없는 실험 탓에 수많은 동물이 끔찍한 학대와 고문을 당하고 있는 거예요."

혜은은 준비해 온 자료를 보면서 동물 실험이 이루어지는 실제 모습을 생생하게 묘사했다. 듣고 있던 진아의 얼굴이 조금 일그러졌다. 민철이 그런 진아의 얼굴을 슬쩍 한 번 쳐다보았지만 이내 아랑곳하지 않고 반론을 펼쳤다.

"동물 실험의 잔인한 면만 너무 일방적으로 강조하면 안 되죠. 모든 동물 실험이 다 그런 건 아닙니다. 그리고 저도 예를 하나 들죠. 지금 우리나라에는 각막 이식으로 시력을 찾을 수 있는 시각 장애인이 2만 명에 이른다고 합니다. 그런데 각막을 구하기는 하늘의 별 따기만큼 힘들죠. 이런 상황에서 동물을 이용해 각막을 만들 수 있다면 얼마나 좋겠습니까? 실제로 토끼를 이용한 동물 실험으로 이런 연구를 하고 있다고 합니다. 사람에게 이처럼 큰 도움과 혜택을 주는 게 바로 동물 실험이에요."

"그렇죠. 20세기에 이루어진 의학적 발전이나 발견 대부분은 동물 실험이 없었다면 불가능했을 거라고 합니다. 천연두, 홍역, 광견병, 볼거리 같은 병을 예방하는 약을 만드는 것을 비롯해 여러 가지 중요한 수술이 가능해진 것도 동물 실험 덕분이라고 해요. 수술할 때 아프지 않게 해 주는 마취 기술도 동물 실험을 거쳐 개발됐다고 하고요."

이번엔 현준이었다. 주장과 반박, 반론과 재반론이 이어지고 있다. 그때 정수가 이런 질문을 내놓았다.

"아니 근데, 의약품이면 또 몰라도 화장품 같은 걸 만들면서 굳이 잔인한 동물 실험을 해야 합니까? 의약품은 사람의 생명이나 건강과 직접 관계가 있지만, 화장품처럼 아주 긴급하지도 절박하지도 않은 것을 위해 동물을 지나치게 괴롭히는 건 잘못 아니에요?"

그러자 선생님이 그 질문을 받으면서 끼어들었다.

"정수가 좋은 질문을 했구나. 근데 그 얘기는 조금 뒤에 다시 나올 거

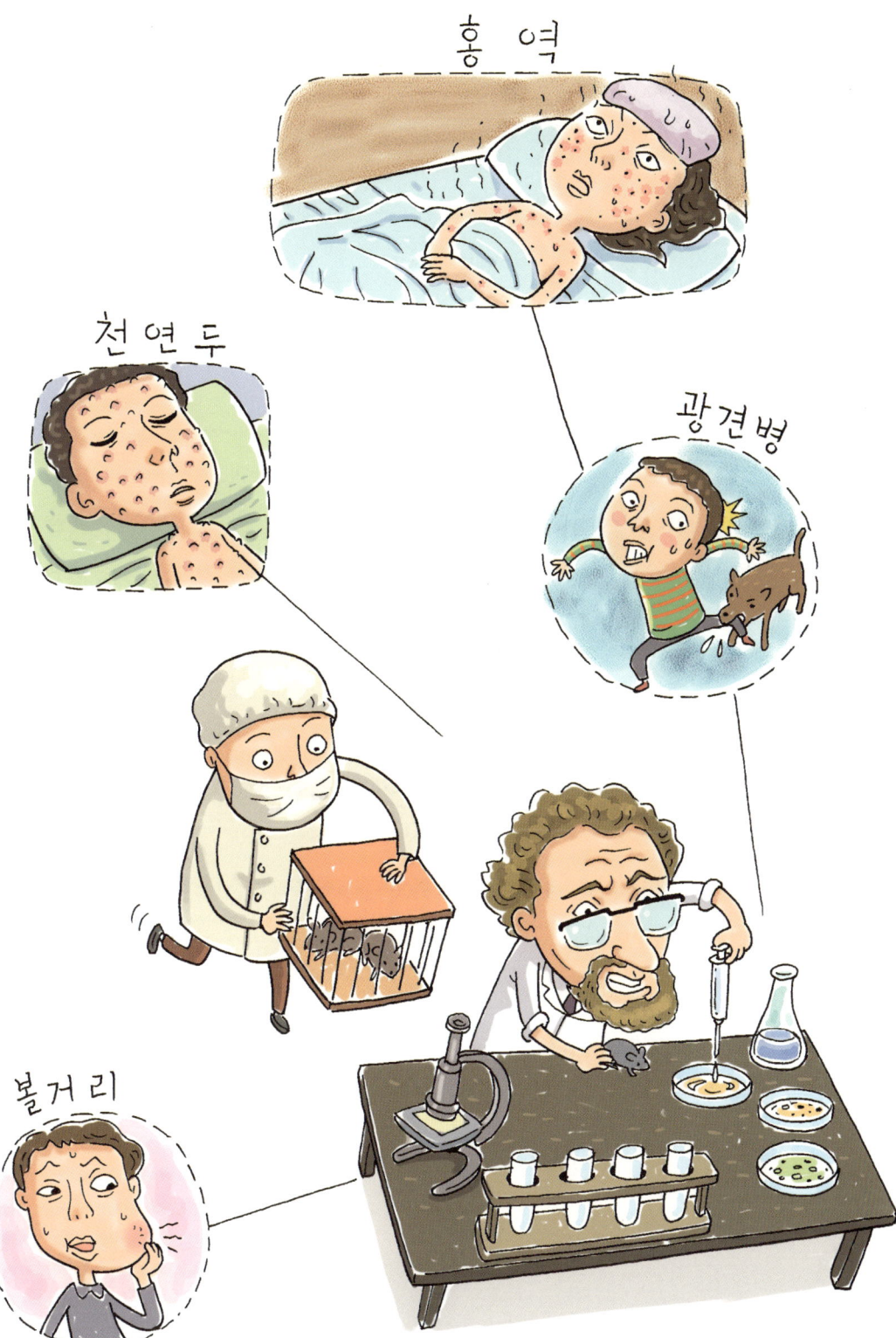

야. 그래서 지금은 다른 쟁점으로······."

"잠깐만요, 선생님!"

선생님 말씀을 중간에 끊은 건 찬성 팀 현준이었다. 선생님이 무슨 일이냐고 묻자 "반대 팀 친구들에게 물어볼 게 있어서요."라고 대답한다. 그러면서 혜은, 정수, 진아의 얼굴을 빤히 쳐다보면서 대뜸 "너희들 고기 좋아하지?"라고 물었다. 세 사람은 현준의 뜬금없는 질문에 서로 얼굴을 돌아보며 어이없다는 표정들을 지었다.

"제가 듣기로 요즘의 축산업에서 벌어지는 동물 학대도 진짜 심각하다고 합니다. 엄청나게 비좁은 곳에 가축들을 움직이기도 힘들 만큼 빽빽하게 몰아넣어 키우고, 죽일 때도 아주 잔인하게 죽인다고 하잖아요? 그래서 저는 동물 실험을 반대하려면 먼저 지금의 축산업부터 반대해야 한다고 생각합니다. 축산업에서 고통받는 동물이 동물 실험을 당하는 동물보다 훨씬 더 많을 테니까요. 그러니까 결국 제가 묻고 싶은 건, 동물 실험을 반대하려면 고기를 먹는 것부터 그만두어야 하지 않느냐는 겁니다. 그렇지 않습니까?"

현준은 끝 부분에서 제법 목소리까지 높이며 발언을 마쳤다. 진아는 갑자기 말문이 막혔다. 듣고 본즉슨 맞는 말인 것 같기도 하고, 엉터리 주장인 것 같기도 하다. 어떻든 마땅히 반박할 말이 얼른 떠오르지 않는다. 하지만 역시 에이스 혜은이 있었다.

"어휴, 난 또 뭐라고······. 아니, 그게 무슨 억지예요? 축산업과 동물 실험은 서로 전혀 다른 별개의 영역입니다. 그걸 뒤죽박죽 한데 섞어 놓으면 무슨 토론이 되겠어요? 축산업 문제는 그것대로 따로 토론할 주제이고, 지금 여기는 동물 실험을 토론하는 자리예요. 알겠어요?"

야무진 역공이었다. 선생님도 "그래, 그건 혜은이 말이 맞네." 하며 혜은이를 거든다. 이번엔 그만 현준이 머쓱해져 버렸다. 그 틈을 타서 찬성 팀 유림이 얼른 다른 얘기를 끄집어냈다.

"자료를 보니까 동물 보호니 동물의 권리니 하는 목소리가 높아진 건 아주 최근의 일입니다. 인류의 대부분 역사에서 인간은 동물과 함께 살아왔습니다. 잡아먹기도 하고 의존하기도 하고, 이용하기도 하고 보살피기도 하면서 말입니다. 그러니 동물 실험도 인간과 동물이 맺어온 이런 오랜 관계의 자연스러운 연장선이 아닐까요? 그리고 또 하나, 동물 보호 운동을 하는 사람들이 때로는 실험실에 폭탄을 던지기도 하고, 동물 실험을 하는 과학자들을 두들겨 패기도 한다면서요? 생명을 사랑하자는 사람들이 폭력을 행사하는 건 자신의 주장을 스스로 부정하는 게 아닌가요?"

그러자 진아가 단호한 말투로 반론을 내놓았다.

"그건 아니죠. 현대의 축산업이나 동물 실험은 인류 역사에서 오랫동안 계속됐던 전통적인 인간과 동물의 관계와는 질적으로 다릅니다. 오로지 사람의 이익을 위해 실험동물이라는 희한한 동물을 개발해 내고 그것을 마치 물건처럼 대량 생산한 적이 인류 역사에서 한 번이라도 있었나요? 그건 지금의 축산업도 마찬가지고요. 그래서 동물 실험이 옛날의 연장선에 있다는 주장은 역사를 너무 단순하게 이해한 결과라고 할 수 있습니다. 음, 그리고 극소수이긴 하지만 일부 동물 보호 운동가들이 폭력을 쓰는 건 누가 뭐래도 잘못한 일이죠. 아무리 옳은 주장이라도 그런 방법을 쓰는 건 반성해야 할 일이라고 생각합니다."

동물 실험은 얼마나 쓸모가 있을까?

제법 많은 얘기가 오갔다. 이전의 토론 주제와는 달리 동물 문제는 색다르게 느껴져서인지 다들 준비를 많이 해 온 분위기다. 선생님도 그렇게 느낀 모양이었다.

"야, 다들 토론을 잘하는데? 마지막이라 더 열심히 준비해 왔나 봐. 자, 다음으로는 동물 실험이 얼마나 유용한가, 즉 동물 실험의 결과를 사람에게 얼마나 적용할 수 있는가 하는 문제를 얘기해 보자. 토론 자료의 탈리도마이드 사건에서 보듯이 이게 또 하나의 아주 중요한 쟁점이거든."

먼저 발표에 나선 건 정수였다.

"질병 치료법 개발을 위해 동물 실험이 필요하다지만, 사람이 걸리는 질병 가운데 동물도 걸리는 병은 1.16퍼센트에 불과하다고 합니다. 다시 말하면, 동물 실험의 결과가 사람에게 정확히 들어맞을 확률이 아주 낮다는 거죠. 따라서 동물 실험으로 안전하고 효능이 있다고 확인된 약이라 해도, 그것이 사람에게 똑같이 적용되리라는 보장은 전혀 없습니다."

간결하고 명쾌한 주장이다. 하지만 민철이 반론을 펼쳤다.

"하지만 동물 실험으로 질병을 정확히 이해하고 의약품의 효능을 확인한 사례가 엄청나게 많다는 건 누구도 부인할 수 없는 사실이잖아요? 동물이 아니면 이런 실험을 무슨 수로 하겠습니까? 사람을 실험 대상으로 삼을 순 없잖아요? 동물 실험은 피할 수 없는 선택입니다. 안 그래요?"

민철의 주장 또한 만만치 않다. 여기에 현준이 가세했다.

"그렇죠. 동물은 관리하기도 쉽고, 결과도 확실히 알 수 있고, 큰 부담도 없습니다. 구하기도 쉽고, 실험에 참가하겠느냐고 물어보거나 동의를 구할 필요도 없습니다. 아주 편리하죠."

"동물 실험이 편리하다고 해서 아무 생각 없이 아무렇게나 하는 건 잘못이죠. 그리고 동물 실험을 믿다가 예상치 못한 후유증이나 부작용이 생길 위험이 크다는 건 분명한 사실입니다. 새로운 의약품이나 치료법 개발에 동물 실험이 실제로는 큰 도움이 되지 않는다는 데 요즘은 많은 사람이 동의하고 있어요."

"네, 나아가 요즘은 동물 실험을 대체할 방법이 많이 개발되고 있습니다."

진아가 현준의 주장을 반박하고 나니 혜은이 진아의 얘기를 이었다. 이제 대안에 대한 얘기로 토론의 물줄기가 점차 바뀌고 있다.

"최근엔 동물 실험 대신에 화장품을 만들 때에는 천연 재료를 사용하고, 의학 분야에서는 로봇이나 컴퓨터를 활용하는 경우가 많다고 해요. 사람의 세포나 인공 피부를 사용하거나, 실험실에서 동물 세포를 키우거나, 동물의 반응을 본뜬 컴퓨터 프로그램과 시뮬레이션을 활용하기도 하고요. 이런 방법들을 적극적으로 활용하면 동물 실험을 하지 않고도 동

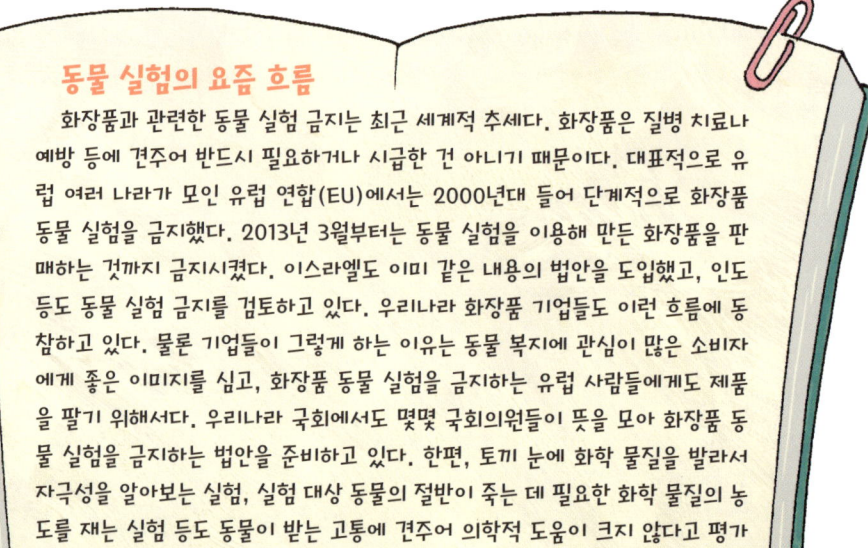

동물 실험의 요즘 흐름

화장품과 관련한 동물 실험 금지는 최근 세계적 추세다. 화장품은 질병 치료나 예방 등에 견주어 반드시 필요하거나 시급한 건 아니기 때문이다. 대표적으로 유럽 여러 나라가 모인 유럽 연합(EU)에서는 2000년대 들어 단계적으로 화장품 동물 실험을 금지했다. 2013년 3월부터는 동물 실험을 이용해 만든 화장품을 판매하는 것까지 금지시켰다. 이스라엘도 이미 같은 내용의 법안을 도입했고, 인도 등도 동물 실험 금지를 검토하고 있다. 우리나라 화장품 기업들도 이런 흐름에 동참하고 있다. 물론 기업들이 그렇게 하는 이유는 동물 복지에 관심이 많은 소비자에게 좋은 이미지를 심고, 화장품 동물 실험을 금지하는 유럽 사람들에게도 제품을 팔기 위해서다. 우리나라 국회에서도 몇몇 국회의원들이 뜻을 모아 화장품 동물 실험을 금지하는 법안을 준비하고 있다. 한편, 토끼 눈에 화학 물질을 발라서 자극성을 알아보는 실험, 실험 대상 동물의 절반이 죽는 데 필요한 화학 물질의 농도를 재는 실험 등도 동물이 받는 고통에 견주어 의학적 도움이 크지 않다고 평가되면서 전 세계적으로 폐지되고 있다.

물 실험으로 얻을 수 있는 것 이상의 결과를 얻을 수 있습니다."

그러자 토론을 지켜보던 선생님이 앞머리를 쓸어 넘기면서 입을 열었다.

"그래, 요즘 들어 동물 실험에 대한 규제가 갈수록 엄격해지고 있는 건 사실이야. 아까 정수가 얘기를 꺼낸 건데, 특히 화장품 실험에서 유럽을 중심으로 동물 실험 금지 움직임이 아주 활발하지. 우리나라도 이런 흐름에 서서히 참여하고 있고. 그래서 요즘은 동물 실험의 새로운 지침으로 이른바 '3R 원칙'이라는 게 널리 받아들여지고 있어. 이게 뭔지 아는 사람 혹시 없어?"

동물 실험의 대안은 뭘까?

진아는 이 얘기가 나오길 기다리고 있었다. 따로 조사해 두었기 때문이다. 그래서 진아는 선생님이 말을 마치자마자 "네, 그럼 제가……." 하면서 날쌔게 나섰다. 아뿔싸, 그런데 동시에 같은 팀의 정수와 혜은이도 똑같이 나선다. 심지어 찬성 팀의 유림도 손까지 들며 자신이 발표하겠다고 나섰다. 선생님은 한편으로는 흐뭇하게 웃으면서도 또 한편으로는 누구에게 발표 기회를 줘야 할지 난감한 표정을 지었다. 결국 진아, 정수, 혜은, 유림이 차례대로 하나씩 발표하기로 교통정리가 되었다.

"네, 3R이란 '대체하기 Replacement', '줄이기 Reduction', '개선하기 Refinement'의 영문 머리글자를 따서 붙인 이름입니다. 이 3R 원칙은 오늘날 동물 실험의 윤리적 기준으로 세계적으로 널리 받아들여지고 있죠."

"첫 번째 '대체하기'란 동물 실험을 하지 않고 최대한 다른 방법으로 대체하는 걸 말합니다. 이것이 중요한 이유는 윤리적일 뿐만 아니라 이렇게 하는 편이 비용도 적게 들고 필요한 정보도 더 빨리 얻어 낼 수 있는 경우가 많기 때문이라고 합니다."

"두 번째 '줄이기'란 같은 양의 정보와 실험 결과를 얻는 데 사용하는 실험동물의 수를 최대한 줄이는 걸 뜻합니다. 그런데 아무리 줄이려고 해도 의미 있는 실험 결과를 얻는 데 필요한 최소한의 수 아래로는 줄이기 힘들다는 게 어려운 점이라고 해요."

"세 번째 '개선하기'는 마취 등을 잘해서 동물이 느끼는 고통을 최소한으로 줄이고 실험 환경을 동물에 맞추어 개선하는 걸 가리키는 말이에요. 또한, 여기엔 동물이 사는 곳, 먹이, 번식, 운반, 취급 방법, 실험 절차와 방식 등을 비롯해 동물의 복지를 높이는 전반적인 활동이 모두 포함된다고 합니다."

짝짝짝! 선생님이 손뼉을 치며 "다들 잘했어."라고 칭찬했다. 그러면서 토론을 정리했다.

"지금까지 살펴봤듯이 동물 실험에는 빛과 그늘이 동시에 있어. 인류에게 혜택과 이익을 안겨 준 건 사실이지만, 지나친 동물 학대로 생명의 존엄성을 해친다는 비난을 받고 있지. 그 결과로 나온 게 3R 원칙이야. 음, 아마 동물 실험이 완전히 없어지기는 힘들 거야. 하지만 우리가 함께 노력한다면 사람과 동물 모두 한결 더 행복해지는 방법을 찾을 수 있을 거라고 생각해."

이것으로 오늘의 토론이 마무리됐다. 동시에 생명 윤리를 주제로 한 전체 토론도 모두 끝났다. 친구들 얼굴에 보람과 아쉬움이 교차하는 것 같다. 그런 친구들을 따스한 표정으로 돌아보면서 선생님이 다시 입을 열었다.

"그동안 다들 힘들었겠지만 새로운 자극과 의미 있는 경험이 됐을 거야. 생명의 문제, 삶과 죽음의 문제는 아주 중요한데도 학교나 학원에서는 제대로 가르쳐 주는 게 아니잖아? 아쉬움이 남는 대목이나 관심이 가는 부분이 있으면 자료도 더 찾아보고 생각도 더 깊이 해 보고 친구들과 의견도 나눠 봐. 궁금한 게 있으면 언제든 선생님에게 물어보고. 바로 그런 게 진짜 공부거든. 자, 그럼 마지막으로 이번 생명 윤리 토론을 총정리하는 차원에서 특별히 하고 싶은 말이 남은 사람이 있으면 한번 얘기해 봐."

그러자 친구들은 일제히 혜은을 지목했다. 토론반 에이스가 마지막 정리를 해 보라는 뜻이다.

"네, 생명 공학을 비롯해 최근 과학 기술의 발전이 이렇게 신기하고 놀라울 줄은 미처 몰랐어요. 근데 중요한 건 이런 과학 기술의 힘과 영향력이 엄청나게 커졌다는 점이 아닐까 싶어요. 물론 그 덕분에 사람이 이전에는 상상할 수조차 없었던 능력과 지식을 가지게 되었고 다양한 혜택과 이득을 얻게 되었죠. 하지만 동시에 새로운 위험이나 부작용도 아주 많

이 생겨났고 또 커지고 있는 것 같아요. 사회적으로나 윤리적으로 심각한 문제들을 일으키기도 하고요. 그래서 과학 기술의 빛과 그늘을 분별할 줄 아는 게 아주 중요하다고 생각합니다."

다음으론 선뜻 진아가 나섰다.

"맞아요. 그래서 저는 현대 과학 기술이 마치 부엌에서 쓰는 칼과 비슷하다는 생각이 들었습니다. 칼이란 게 요리하는 데 쓰면 고마운 도구가 되지만 사람을 해치는 데 쓰면 무시무시한 흉기가 되잖아요? 특히 생명 윤리와 관련된 과학 기술은 우리의 몸과 건강, 생명과 직접 연결돼 있어서 더욱 그렇게 느껴졌습니다. 암튼 우리가 아직 어려서 깊이 알기야 어렵겠지만, 이번 토론 모임을 계기로 인간, 생명, 자연, 삶과 죽음 같은 것들을 나름 진지하게 생각해 볼 수 있어서 큰 보람을 느꼈습니다."

다들 동의한다는 뜻으로 고개를 끄덕끄덕했다. 선생님도 마찬가지다.

"좋았어. 자 그럼, 서로 수고했다는 인사의 뜻으로, 서로에 대한 힘찬 격려의 뜻으로, 그리고 토론을 성공적으로 잘 끝냈다는 축하의 뜻으로 모두 박수!"

짝짝짝! 선생님 말씀이 끝나자 교실에 다시 한 번 우렁차게 박수 소리가 울려 퍼졌다. 교실 문을 나서 운동장을 가로질러 가는 친구들 사이로 시원한 바람이 불어 지나갔다. 머리카락을 흩날리면서 친구들과 어깨를 나란히 맞대고 걸어가는 진아의 마음에도 상쾌한 바람이 분다.

함께 정리해 보기
동물 실험을 둘러싼 쟁점

동물 실험을 찬성한다	논쟁이 되는 문제	동물 실험을 반대한다
사람의 생명과 건강, 행복을 위해 동물을 이용하는 건 정당하다.	동물 실험은 동물 학대일까?	동물 실험은 동물 학대이고, 고통을 느끼는 생명체인 동물을 물건처럼 취급하는 건 잘못이다.
지금껏 수많은 의약품과 치료법이 동물 실험 덕분에 개발되었고, 이는 앞으로도 마찬가지다.	동물 실험은 과학과 의학 발전에 꼭 필요할까?	동물 실험을 대신할 수 있는 다양한 방법과 기술이 개발되고 있어 동물 실험이 아니더라도 과학과 의학 발전은 가능하다.
동물 실험으로 질병을 정확하게 이해하고 의약품이나 치료법의 효능과 안전성을 확인한 사례는 엄청나게 많다.	동물 실험의 실제 효과는 얼마나 있는가?	사람의 질병 가운데 동물이 걸리는 병은 거의 없어 동물 실험의 결과가 사람에게 그대로 적용될 확률은 아주 낮다.

동물 실험의 대안과 미래는?

동물 실험을 대체하고 줄이고 개선하는 것을 뜻하는 '3R' 원칙이 널리 받아들여지고 있고, 동물 실험을 엄격하게 금지·규제하는 흐름이 갈수록 확산하고 있다.